KB209988

http://정리학교.kr

윤선현의 정리학교

2010년부터 대한민국 최초의 정리컨설턴트로 활동해온 윤선현 대표가 설립한 교육 기관으로, 일과 삶에서 생산성과 행복을 추구하는 방법을 교육하고 연구합니다. 정리학교에서는 시간부자가 되기 위한 교육과 트레이닝 프로그램을 운영하여, 시간을 가치 있게 사용하는 방법을 배우고 체계적으로 다른 사람들에게 전달할 수 있는 전문가를 양성합니다.

TIME IS MONEY · 당신을 시간부자로 만드는 단 하나의 도구

하루 15분, 15주 작성

시간 부자

윤선현

심은경

최유정

msjn

당신의 삶을 바꾸는
시간부자 15주 훈련

2010년, 정리컨설턴트로서의 여정을 시작한 이래로, 저는 더 나은 삶을 위한 길을 모색해 왔습니다. 일과 삶의 스트레스와 낭비를 줄이기 위해 그 원인을 파악하고, 생산성과 마음의 평화를 높이기 위해 시간(일), 공간(물건), 인간(마음)을 정리해야 한다는 '정리력' 철학을 세상에 전파하고 있습니다. 이 철학의 뿌리는 1999년, 제가 직장생활을 시작했던 시절로 거슬러 올라갑니다.

가난한 현실을 매일 마주했던 10대 시절, 저는 부자가 되고자 하는 열망과 사업가의 꿈을 품게 되었습니다. 목표를 이루기 위해 20대에는 직장인이 되었고, 이후 10년은 사업 준비를 위한 자금, 능력, 인맥을 쌓는 중요한 시간이 될 것이라 믿었습니다. 그러나 첫 직장인 작은 출판사에서는 부족한 월급과 체계적인 직무훈련 없이 혼자서 모든 것을 배워야 했습니다. 그런 상황에서도 매일 늦은 야근을 하며 힘든 나날을 보냈고, 이런 환경은 저에게 심각한 번아웃Burnout을 안겨주었습니다. 영업 관리 업무를 하면서 수익을 창출하는 것이 얼마나 어려운 일인지 깨닫게 되면서, 꿈꾸었던 사업에 대한 회의가 들기도 했습니다.

그럼에도 불구하고 꿈에 대한 도전을 지탱해 준 것은 업무용 수첩과 변화에 대한 강력한 동기부여가 되었던 독서였습니다. 그 중 하나인 〈단순하게 살아라〉, 베르너 티키 퀴스텐마허, 로타르 J. 자이베르트 저, 김영사는 저에게 정리 사업 아이템을 발견하게 해주었고, 일과 삶을 단순하게 만드는 것이 얼마나 중요한지를 깨닫게 해 주었습니다.

5년차에 이직한 [한국리더십센터]에서 저는 프랭클린플래너라는 세계적인 자기계발 도구와 교육을 통해 시간을 체계적으로 사용하는 방법을 배우게 되었습니다. 이 기회를 통해 저는 첫 직장 생활이 힘들었던 이유를 알게 되었습니다. 바로 사명, 비전, 지배 가치가 명확하지 않았기 때문이었습니다. 사명, 비전, 지배 가치는 이루고자 하는 목표와 전략, 주어진 역할, 매일 해야 하는 일의 우선순위를 결정하는 데 필수적이라는 사실을 깨닫게 되었습니다.

2002년부터 연구해온 정리력 철학과 프랭클린플래너의 시간관리 시스템을 결합하여, 현대인들이 시간의 노예가 아닌 주인으로 살아가도록 할 수 있는 훈련의 도구를 연구하였고 마침내 '시간가계부'를 개발하게 되었습니다. '시간가계부'는 여러분이 진정한 시간부자의 삶을 살아갈 수 있도록 만들어 줍니다.

앞으로 이 책에서는 시간부자의 개념과 함께 시간가계부의 특징을 소개하고, 이 도구를 작성하는 데 필요한 가이드를 제공합니다. 또한, 15주 동안 시간가계부를 작성하며 시간부자가 되기 위한 필수적인 요소들을 체계적으로 다루겠습니다.

마지막으로, 시간가계부 개발을 위해 기획부터 모든 과정을 함께한 [윤선현의 정리학교] 운영진 심은경 님, 최유정 님, 그리고 시간부자 트레이너 분들께 깊은 감사를 전합니다. 이제 여러분도 이 여정에 동참해 보세요. 시간을 소중히 여기고, 생산성과 마음의 평화를 찾아가는 길이 여러분을 기다리고 있습니다.

시간부자가 될 당신을 응원하며

대표 저자 **윤선현**

목 차

contents

시간부자는 누구인가?

현대인들은 시간의 중요성을 누구보다 잘 알고 있습니다. 그러나 그 시간을 실제로 효율적으로 사용하지 못하는 경우가 많습니다. 스마트폰을 과도하게 사용하거나 불필요한 활동에 시간을 허비하는 것이 그 대표적인 예입니다. 자기 돌봄이나 자기 개발을 위해 시간을 투자해야 한다는 사실은 인지하고 있으나, 정작 그러한 시간을 확보하는 데 어려움을 겪는 경우가 많습니다.

직장인, 주부, 학생 등 효율적인 시간 사용이 필수적인 사람들은 주어진 일을 미루거나 우선순위를 잘못 설정하는 경향이 있습니다. 그 결과, 중요한 일에 필요한 시간을 쓰지 못하게 되고, 이는 결국 시간 낭비와 스트레스를 초래하며 생산성을 떨어뜨리는 악순환으로 이어집니다. 우리는 매일 주어진 하루 24시간이 부족하다고 느끼며, **타임푸어**Time poor라는 시간 빈곤 상태에서 살아가고 있습니다.

이러한 상황을 극복하고 시간을 정리하는 데 가장 필요한 것은 체계적인 훈련과 이를 지원하는 시스템, 즉 도구입니다. 무작정 시간을 사용하는 것이 아니라, 시간 사용 패턴을 명확히 분석하고, 낭비되는 활동을 줄여야 합니다. 그리하여 시간을 가치 있게 활용할 수 있어야 진정한 **시간부자**Time rich로 거듭날 수 있습니다.

시간부자란 '시간을 통제하고, 자유롭게 사용하며, 현명하게 투자하는 사람을 의미'합니다. 이는 단순히 많은 시간을 소유하고 있다는 뜻이 아닙니다. 오히려 주어진 시간을 가치 있게 사용하고, 일과 삶의 우선순위를 명확히 설정하며, 생산성 향상과 마음의 평화를 높이는 방법을 아는 사람입니다.

시간부자는 시간을 돈과 같이 소중히 여기며, 하루 24시간이라는 '자산'을 어떻게 분배하고 사용하는지가 그들의 삶의 질을 결정짓는다고 믿습니다. 낭비되는 시간은 써버린 돈처럼 다시 돌아오지 않기 때문에, 시간부자는 자신의 시간 사용을 면밀히 계획하고, 불필요한 활동을 줄이는 데 집중합니다. 이들은 시간을 관리함으로써 마음의 평화를 얻고, 자신이 이루고자 하는 목표에 집중하며, 일을 효율적으로 처리하여 생산성을 극대화합니다.

그렇다면 시간부자가 되기 위해서는 어떤 요소가 필요할까요?

1. 시간 통제

우선순위를 정하고, 그에 따라 시간을 배분하는 능력입니다.
불필요한 활동을 줄이고 중요한 일에 집중할 수 있는 시간을 확보하는 것이 필수적입니다.

2. 시간 자유

자신의 시간에 대한 주도권을 가지며 자율적으로 관리하는 것입니다.
남에게 끌려가는 시간이 아니라, 스스로 선택한 방식으로 시간을 활용하는 자유를 누려야 합니다.

3. 시간 투자

자신의 발전이나 목표 달성을 위해 시간을 투자하는 것입니다.

이는 장기적인 성공과 성장을 이루는 중요한 요소입니다.

시간부자는 이 세 가지 요소를 균형있게 활용함으로써 생산성을 높이고, 더 나아가 마음의 평화를 얻습니다. 그들은 하루하루를 단순히 흘러가듯 보내는 것이 아니라, 시간을 가치 있게 사용하며 인생을 살아가는 사람들입니다. 따라서 '시간부자'라는 이름에 걸맞는 자격을 갖추게 되는 것입니다.

결국 시간부자는 시간의 주도권을 갖고, 삶의 다양한 영역에서 긍정적인 변화를 만들어내는 사람입니다. 그들은 시간을 제대로 정리함으로써 삶을 더 풍요롭고 의미있게 살아가는 것을 목표로 합니다. 이러한 목표를 달성하기 위해 여러분도 시간부자의 삶을 선택해 보세요. 시간의 가치를 인식하고, 자신의 삶을 적극적으로 조정함으로써 더 나은 미래를 만들어갈 수 있습니다.

시간부자 테스트 :
당신은 시간부자 입니까?

아래의 테스트를 통해 자신이 시간부자인지 확인해보세요.

생각해 볼 질문	예	아니오
1. 하루를 시작할 때 가장 중요한 활동을 계획하나요?		
2. 하루 활동 계획을 실천하기 위해 시간을 배분하나요?		
3. 하루 중 최소 1시간 이상 중요한 활동에 집중하는 시간을 확보하나요?		
4. 주말이나 여가 시간에 불필요한 활동을 줄이기 위해 노력하나요?		
5. 모든 할 일과 약속을 일정표에 기록하고 정기적으로 확인하나요?		
6. 자신의 시간을 자율적으로 사용하고 있나요?		
7. 해야 할 일을 스스로 선택하여 그에 따라 행동하는 편인가요?		
8. 누군가의 요청이나 외부 압력에 의한 활동이 아닌, 스스로 선택한 방식으로 시간을 사용하고 있나요?		
9. 일과 개인 생활(가족, 친구, 취미 등) 사이에서 균형을 유지할 수 있나요?		
10. 불필요한 약속이나 일을 줄여 자율적으로 시간을 배분할 수 있나요?		
11. 자신을 발전시키기 위한 학습이나 자기 개발에 시간을 투자하나요?		
12. 단기 및 장기 목표를 설정하고, 이를 위해 시간을 투자하는 계획을 세우나요?		
13. 일상생활 속에서 학습이나 성장을 위한 활동을 포함시키고 있나요?		
14. 시간을 투자하는 데 있어, 효율성을 높이기 위한 방법을 활용하고 있나요?		
15. 자신이 투자한 시간이 목표 달성이나 개인적 성장에 어떤 영향을 미쳤는지 정기적으로 평가하나요?		

만약 당신의 점수가 13~15점이라면?

당신은 완성형 시간부자

시간 정리가 매우 잘 이루어지고 있으며,
생산성과 마음의 평화를 극대화하고 있습니다.

만약 당신의 점수가 10~12점이라면?

당신은 준비된 시간부자

대부분의 측면에서 좋은 시간 정리 능력을 가지고 있으나,
어느 정도 개선이 필요합니다.

만약 당신의 점수가 6~9점이라면?

당신은 시간부자 훈련생

시간 정리에 어려움을 겪고 있고 전반적인 개선이 필요합니다.

만약 당신의 점수가 5점 이하라면?

당신은 안타까운 시간거지

현재 시간 정리가 매우 필요하며, 즉각적인 훈련이 요구됩니다.

시간가계부는 무엇인가?

"누구에게나 마음 속에 심리적 가계부를 가지고 있다." 제윤경 서민경제전문가는 가계부채가 증가하는 이유가, 가진 돈은 별로 없는데도 불구하고 심리적으로 돈이 넉넉한 것처럼 느껴져 충동구매를 하게 되면서 매달 용돈이나 생활비가 부족함을 느끼는 심리적 가계부에서 비롯된다고 설명합니다.

시간 사용 또한 이와 유사합니다. 실제로 흘러가는 시간과는 관계없이, 마음 속에서는 심리적 시간이 따로 흐르고 있습니다. 중요한 업무가 남아 있음에도 불구하고 자꾸 다른 업무로 마음이 끌리거나, 쓸데없는 인터넷 서핑에 빠지거나, "내일 하면 될 거야"라며 일을 미루는 경향이 있습니다.

이러한 심리적 시간으로 인한 낭비를 줄이고, 원하는 목표나 해야 할 일을 위해 시간을 보다 효율적으로 사용하기 위해 가장 효과적인 방법은 '시간가계부'를 작성하는 것입니다. 우리는 생활비 사용 내역을 가계부에 기록하며 무엇에 얼마를 썼고, 현재 얼마가 남아 있는지를 알게 됩니다. 그리고 수입과 지출 내역을 확인하여 이를 바탕으로 재정상황을 관리하고, 예산 계획을 수립하며, 지출 패턴을 분석해 재정적 목표(집 구입, 여행경비 마련 등)를 달성할 수 있는데 이는 시간도 마찬가지입니다.

시간가계부는 시간을 돈과 동일한 개념으로 보고 하루 24시간의 모든 활동을 기록, 이를 유형별로 분류, 그리고 사용 시간에 대해 성과를 평가하도록 구성되어 있으며 궁극적으로 시간부자가 되기 위한 훈련 도구입니다.

실제 시간가계부를 15주 작성한 직장인 K의 사례입니다. 직장인 K는 휴식시간이 거의 없이 하루 종일 바쁘게 지내던 분이었는데 시간가계부 훈련을 통해 다음과 같은 중요한 발견을 했습니다:

1. 중요한 업무보다 잡무에 더 많은 시간을 쓰고 있다는 사실.
2. 24시간 동안 전체적으로 조금씩 낭비되는 시간이 꽤 많다는 사실.
3. 운동을 좋아하다 보니, 운동에 필요 이상으로 소모되는 시간이 많았다는 사실.

이뿐 아니라 실제 수백 명이 참여한 3,000일의 시간가계부 작성 통계를 통해서 놀라운 결과를 확인했습니다. 시간가계부를 작성하면, 하루 최대 4시간의 시간 사용이 긍정적인 방향으로 변화된다는 것이 데이터를 통해 입증 되었습니다.

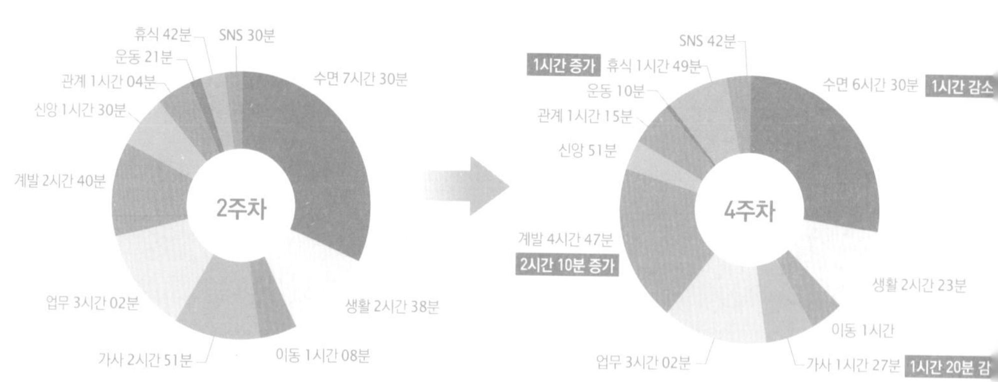

시간가계부를 작성했던 사람들은 하루 종일 바쁘게 일만 하는 줄 알았는데, 사실은 TV를 보거나 스마트폰 게임을 하느라 허비하는 시간이 너무 많았다는 사실에 놀라곤 합니다. 다시 말해 시간가계부 작성을 하면 처음으로 자신의 시간을 객관적으로 바라보는 경험을 할 수 있습니다.

통계청에서 5년마다 실시하는 [생활시간조사]에 따르면, 대한민국 성인의 활동 시간은 수면시간을 제외하면 평균 15시간입니다. 시간가계부 트레이닝은 하루 15시간을 시간정리를 통해 시간성과를 높여야 하는 핵심시간으로 정의합니다. 이를 기반으로 '시간가계부'는 핵심시간인 15시간으로 구성되어 있습니다. 여러분이 시간가계부를 통해 15시간 시간정리를 성공한다면 생산성을 높일 수 있습니다.

시간가계부는 시간 사용 데이터를 시각화, 체계화, 구조화하여 시간 사용 훈련에 중요한 역할을 하는 세 가지 특징을 가지고 있습니다.

1. 시각화

시간 데이터를 시각적으로 표현하는 것은 자신의 시간 사용 패턴을 한 눈에 파악할 수 있게 합니다. 그래프를 통해 시간성과를 직관적으로 이해할 수 있으며, 소비/낭비되는 활동을 줄이고, 생산/투자의 시간을 늘리는 것의 필요성을 명확히 인식하게 하여 변화의 필요성을 느끼게 하고, 개선하는 데 도움을 줍니다.

2. 체계화

시간 사용 내역을 체계적으로 기록하고 분류하는 것은 시간을 정리하는 기초 작업입니다. 시간가계부는 활동을 유형별로 구분하여 성과를 높이기 위해 어떤 활동이 우선순위를 가져야 하고, 어디에서 시간을 줄일 수 있는지 명확하게 파악할 수 있습니다.

3. 구조화

시간가계부는 시간사용 데이터를 구조화하여 반복적인 시간사용 패턴이나 비효율적인 활동을 쉽게 식별할 수 있어, 더 나은 시간 배분과 활동의 재조정을 가능하게 합니다.

15주 동안 시간가계부를 작성하는 것은 결코 쉬운 일이 아닙니다. 매일 시간을 기록하고, 사용한 시간을 결산하는 것은 생각보다 많은 노력이 필요합니다. 하지만 시간가계부 작성은 오랜 시간 형성된 시간낭비의 습관을 바꾸고, 우선순위 높은 활동을 구분하여, 진정한 시간부자가 되기 위한 새로운 시간사용방식을 만들어 주는 섬세한 트레이닝이 될 것입니다.

대부분의 사람들은 오랜 시간 형성된 익숙한 방식으로 시간을 사용하고 있습니다. 이런 패턴을 바꾸려 할 때 처음에는 심리적인 저항감이 생기기 마련입니다.

"지금까지 해왔던 방식도 나쁘지 않은데"

"이 정도면 충분하지 않을까"

이런 생각이 머리속에 자꾸 스쳐 지나갈 수 있습니다. 또, 매일의 활동을 기록하는 과정이 귀찮고 번거롭게 느껴질 것입니다. 그러나 바로 이 작은 불편함을 극복하는 것이 시간부자로 가는 위대한 첫걸음입니다.

시간가계부를 작성하는 동안 느껴질 수 있는 심리적인 어려움은 결국 여러분이 성장하기 위한 필수 과정입니다. 새로운 습관을 형성하는 것은 쉽지 않지만, 하루하루 쌓여가는 작은 기록들은 여러분을 시간부자로 만드는 중요한 기반이 되어 줄 것입니다. 시간가계부 작성을 통해 시간을 소중히 여기는 법을 배우고, 그로 인해 얻게 될 미래의 삶 변화를 상상해 보세요.

당신이 시간가계부 작성을 통해 시간부자가 되면, 진정으로 원하는 삶을 살 수 있을 것입니다. 시간은 당신의 삶을 돕는 소중한 자산이기 때문입니다. 지금 이 순간, 변화를 위한 여정을 시작하세요.

시간가계부 작성가이드

주간 시간 계획 Weekly Time Blocking

한 주를 시작할 때 주간 시간 계획을 작성합니다. 하루 15시간, 일주일의 활동 시간을 미리 계획해두면, 각 활동의 우선순위를 명확히 하고 불필요한 시간 낭비를 줄일 수 있습니다.

한 주 동안의 시간 흐름을 미리 파악하면, 어떤 날에 더 집중해야 할 일들이 있는지, 어떤 시간에 자율적으로 쉴 수 있는지를 조정할 수 있습니다.

주간 시간 계획은 시간조망 능력을 향상하여 시간을 단순히 소비하는 것이 아니라, 목표와 역할에 따라 체계적으로 배분하는 능력을 키우게 됩니다. 이는 중요한 일에 충분히 집중할 수 있는 여유를 만들어주고, 스트레스를 줄이며, 생산성을 높이는 데 기여합니다.

일론 머스크Elon Musk는 매우 바쁜 일정 속에서 시간을 효과적으로 관리하기 위해 타임 블로킹Time Blocking 기법을 활용합니다. 타임 블로킹은 하루를 여러 시간 블록으로 나누어 특정 작업에 할당하는 시간 정리 기법입니다.

타임 블로킹은 블록마다 특정한 작업을 할당하여 그 작업에만 집중함으로써 다양한 프로젝트와 업무를 효율적으로 처리할 수 있습니다. 한 번에 하나의 일에 집중할 수 있어서 멀티태스킹을 피하고, 각 업무에 대한 집중도를 높일 수 있습니다. 가장 중요한 업무를 가장 먼저 처리하는 방식으로 시간을 배정하여, 우선순위가 높은 일을 항상 제 때 처리할 수 있습니다. 타임 블로킹은 특히 바쁜 사람들에게 효과적인 시간 정리 방법으로 알려져 있습니다

미리 계획하는 이 작은 습관은 결국 시간을 효율적으로 통제하고, 자신이 진정으로 원하는 일에 시간을 투자할 수 있는 길을 열어줍니다. 시간가계부의 주간 계획을 통해 시간부자로 나아가는 첫걸음을 시작해 보세요.

주간 시간 계획 구성

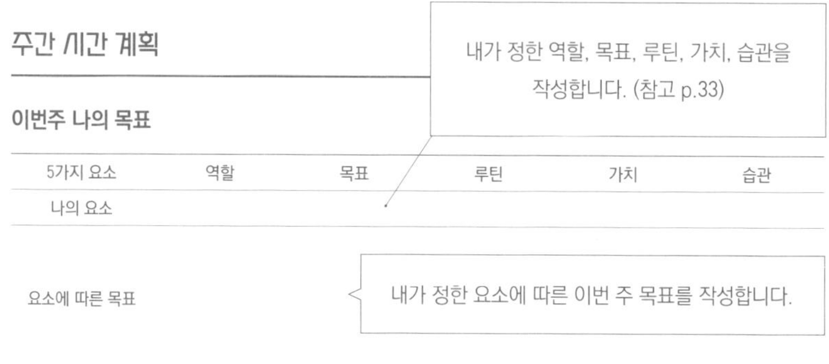

주간 시간 계획
이번주 나의 목표
5가지 요소
역할
목표
루틴
가치
습관
나의 요소
요소에 따른 목표
내가 정한 역할, 목표, 루틴, 가치, 습관을
작성합니다. (참고 p.33)
내가 정한 요소에 따른 이번 주 목표를 작성합니다.

이번주 이루고 싶은 일

이번주 내가 이루고 싶은 일을 작성하는 공간입니다.
자유롭게 작성하되 최대 3개를 넘지 않도록 합니다.

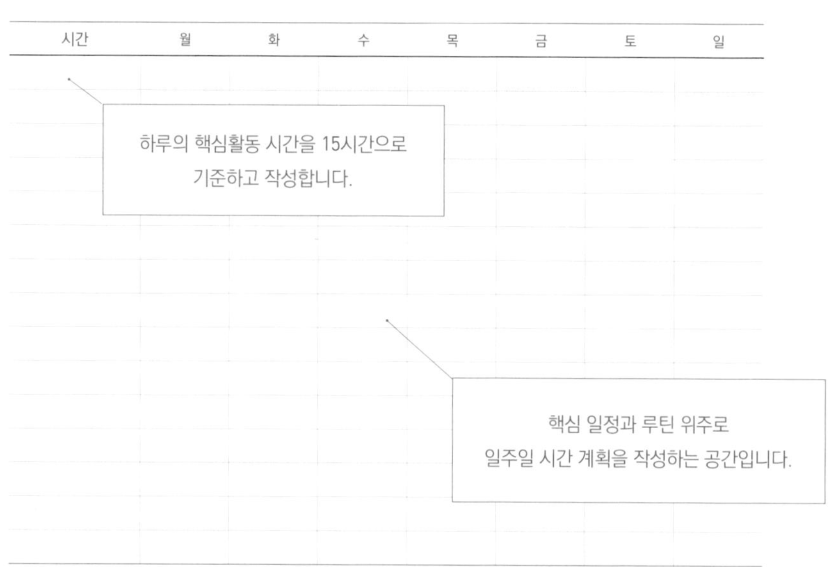

시간
월
화
수
목
금
토
일
하루의 핵심활동 시간을 15시간으로
기준하고 작성합니다.
핵심 일정과 루틴 위주로
일주일 시간 계획을 작성하는 공간입니다.

나의 주요 활동 시간을 시간 칸에 작성하고 15시간을 정리해서 일상의 생산성을 효과적으로 상승시키세요.

주간 시간 계획

이번주 나의 목표

5가지 요소	역할	목표	루틴	가치	습관
나의 요소	크리에이터	구독자 10만명	운동	건강	습관적 SNS
요소에 따른 목표	유튜브 1편 촬영 및 편집 업로드 하기	인스타를 통해 유튜브를 촬영하고 있음을 홍보	주 3회 걷기 운동하기	매일 스트레칭 하기	밤에 누워서 휴대폰보지 않기

이번주 이루고 싶은 일

1. 독서 <인간본성의법칙> 25분씩 * 5일
2. 운동하기 (매일 20분 스트레칭 / 주 3회이상 1시간 이상 걷기)
3. 앞베란다 창고 정리하기

시간	월	화	수	목	금	토	일

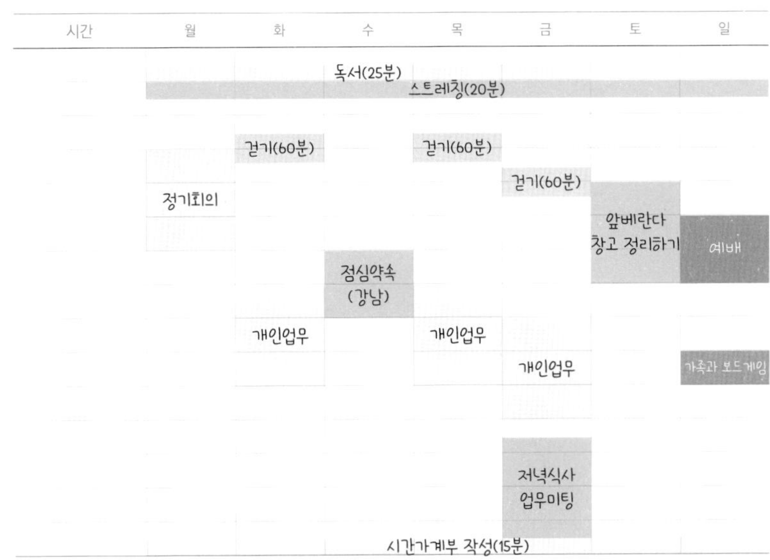

독서(25분)
스트레칭(20분)
걷기(60분)
걷기(60분)
걷기(60분)
정기회의
앞베란다
창고 정리하기
예배
점심약속
(강남)
개인업무
개인업무
개인업무
가족과 보드게임
저녁식사
업무미팅
시간가계부 작성(15분)

나의 주요 활동 시간을 시간 칸에 작성하고 15시간을 정리해서 일상의 생산성을 효과적으로 상승시키세요.

일일 시간가계부 Today Time Log

일일 시간가계부는 시간가계부의 핵심입니다. 나의 시간을 객관화하고 우선순위를 구체화할 수 있는 과정인 만큼 총 8단계로 작성하여 빈틈없이 시간정리를 할 수 있도록 했습니다. 전체적인 단계와 각 단계를 상세히 안내합니다.

매일 주요 활동시간인 15시간을 15분 단위로 나누어 기록할 수 있게 했습니다. 하루를 1시간씩 쪼개어 15분 단위로 나누는 것은 시간가계부를 통해 시간 사용에 대한 지각을 키우고, 시간을 더 소중히 여기도록 돕는 데 그 목적이 있습니다. 15분은 하루 24시간 중 약 1%에 불과하지만, 이 짧은 시간을 생산적으로 사용하면 나머지 99%의 하루도 더욱 가치 있게 만들 수 있습니다. 이는 '하루 15분 정리의 힘' 원칙을 통해 하루를 효율적으로 관리하고, 낭비 없이 생산적인 삶을 훈련하는 유용한 방법입니다.

1. 우선순위

해야 할 일 중 3가지를 작성하고 우선순위를 정하는 것은 집중력과 효율성을 높이기 위해 매우 중요합니다. 이 훈련은 '3의 원칙' 훈련으로 가장 중요한 일에 에너지를 집중할 수 있고, 해야 할 일이 많으면 그만큼 선택과 결정에 에너지를 소비하게 되어 의사결정 피로를 줄일 수 있습니다. 하루가 끝날 때, 우선순위에 배치한 3가지 과제를 모두 마쳤다는 성취감은 강력한 동기를 부여하게 되고 중요한 일들을 해결했을 때의 만족감은 다음 날에도 긍정적인 마음가짐을 불러일으켜 꾸준히 목표를 이루는 원동력이 됩니다.

2. 활동 기록

하루의 활동을 15분 단위로 정확하게 기록하는 것입니다. 모든 활동을 세부적으로 작성하는 것이 처음에는 귀찮고 번거롭게 느껴질 수 있지만 사용하는 시간에 대한 낭비 원인이 되는 불필요한 활동과 습관을 파악할 수 있습니다. 활동을 기록할 때 15분 동안 활동 중 핵심활동만 기록하고, 일기처럼 서술하기 보다 '설거지, K회의' 처럼 객관적으로 확인할 수 있어야 합니다.

3. 활동 유형

기록된 활동에 대한 유형을 분류하는 것입니다. 시간가계부의 활동유형에는 필수 유형인 생활, 자기계발, 일, 건강, 관계 5개의 유형을 제시했습니다. 5가지 필수 유형은 하루를 균형 있게 이해하기 위한 기본 분류기준입니다. 중요한 것은 이러한 활동은 절대적이지 않고, 개인의 가치와 우선순위에 따라 유연하게 변화할 수 있다는 것입니다. 자신의 삶의 방향과 원하는 목표에 맞춰 활동유형을 정의하고 활동 내용을 세분화할 수 있습니다. 개인의 고유한 삶의 패턴과 가치에 따라 자유롭게 추가하고 세분화 하시길 추천드립니다.

[5가지 필수 유형 가이드]

분류	활동정의	활동내용
생활	일상적이고 기본적인 생존과 유지에 필요한 활동	식사 준비, 청소, 집안일, 구매(장보기), 개인 위생 등
자기계발	개인의 성장과 발전을 위한 활동	독서, 온라인 강의 수강, 새로운 기술 학습 등
일	직업적, 전문적 활동과 관련된 활동	회사 업무, 프로젝트 수행, 회의, 학업 등
건강	신체적, 정신적 건강 관리에 할애하는 활동	운동, 명상, 건강검진 등
관계	인간관계 형성과 유지를 위한 활동	가족, 친구, 동료와의 대화와 만남(온, 오프라인), 공동체 활동 등

식사/세면과 같은 활동은 기본적으로 '생활' 유형으로 분류됩니다. 가족이나 동료와의 대화와 만남은 기본적으로 '관계' 유형으로 분류됩니다. 다만, 일상에서 반복되는 활동이라도 단순히 행위자체가 아니라, 그 활동의 주어진 역할과 목적을 고려하여 유형을 분류해야 합니다. 활동유형 분류의 핵심은 '목적'에 있습니다. 같은 활동이라도 '목적'에 따라 활동유형은 달라질 수 있습니다. 예를 들어 저녁시간 자녀와 간식을 먹으며 대화를 나누었다면 이는 '생활'보다는 '관계' 유형이 되고, 만약 대화를 하면서 진학에 대한 상담을 했다면 이는 '관계'보다는 엄마의 역할이 목적이기 때문에 '자녀 돌봄'으로 유형분류를 할 수 있습니다. 유형을 분류해 보면서 자신의 시간을 우선순위에 적합하게 사용하고 있는지 객관적으로 확인할 수 있습니다.

유형분류 예시

수면/생활(식사, 간식)/이동(운전, 대중교통)/회사업무/가사(청소, 빨래, 정리정돈)/휴식(TV)/운동/자녀돌봄/반려동물/관계(대화, 친목활동)/자기계발(독서, 이러닝)/신앙생활/기타

주. 중요하지 않은 활동이나 시간사용이 적은 활동은 기타로 분류

4. 활동 평가

기록된 시간기록과 유형분류에 대한 결과를 투자/생산/소비/낭비로 시간성과를 평가하는 것입니다. 평가는 시간낭비를 줄이고, 시간부자로 시간을 사용하기 위해 투자와 생산활동을 위해 시간을 분배하는 데 도움이 됩니다.

시간성과 가이드

- 투자 : 장기적으로 자신에게 이익을 주는 활동(자기계발, 학습 등)
- 생산 : 금전적 수익을 창출하는 업무, 혹은 직접적인 성과를 내는 활동(일, 출장 등)
- 소비 : 필요한 일상 활동(식사, 수면, 운동 등)은 가치 중립적인 활동
- 낭비 : 불필요한 시간 소비(의미 없는 휴식, 미루기, 과도한 TV 시청 등) 시간 낭비로 간주되는 활동

5. 유형이름과 유형별 칸

각 유형별로 하루에 몇 개의 칸을 사용했는지 종합으로 파악하여 유형별 칸의 개수를 적어주세요. 유형별 칸의 개수를 파악하면 내가 주로 어떤 활동에 중

점이 되어 있는지 알기 쉽기 때문에 내가 시간을 사용하면서 어떤 부분을 개선하면 좋을지 인지하게 됩니다.

6. 오늘의 타임머니

오늘의 활동 기록을 기준으로 투자/생산/소비/낭비로 시간성과를 평가한 내용을 종합적으로 파악합니다. 한 칸은 15분입니다. 따라서 각 성과별로 총 몇 칸인지 작성하고 여기에 15를 곱하면 내가 시간성과별로 시간을 구체적으로 얼마큼 배정했는지 알 수 있습니다. 이는 마치 돈을 사용한 내역을 파악하여 예산을 계획에 적용하는 것과 동일하며 이 과정은 내가 시간정리에 있어서 목표에 맞게 잘 나아가고 있는지 점검하는 데 유용합니다.

7. 오늘의 기분

시간가계부에서 기분 상태를 체크하는 것은 단순히 시간 관리뿐 아니라, 감정 관리와 정신적 건강을 개선하고, 더 나아가 생산성과 삶의 질을 향상시키는 데 매우 유익합니다. 같은 시간이라도 나의 에너지에 따라 완전히 달라지게 때문에 내가 오늘 하루 어떤 에너지로 활동을 했는지를 꼭 파악하세요.

8. 오늘의 한마디

오늘 하루도 열심히 보낸 자신에게 격려의 말을 남겨보세요. 아쉬운 점이 있었다면 작성해보면서 더 나은 내일의 시간 사용을 위해 다짐을 해도 좋습니다. 또는 시간가계부를 작성하면서 배운 점을 적는다면 투자와 생산의 비중을 조금씩 늘려가는데 도움이 될 것입니다.

일일 시간가계부 구성

번호 순서대로 작성하면서 오늘 하루의 시간정리를 시간가계부에 작성해보세요.

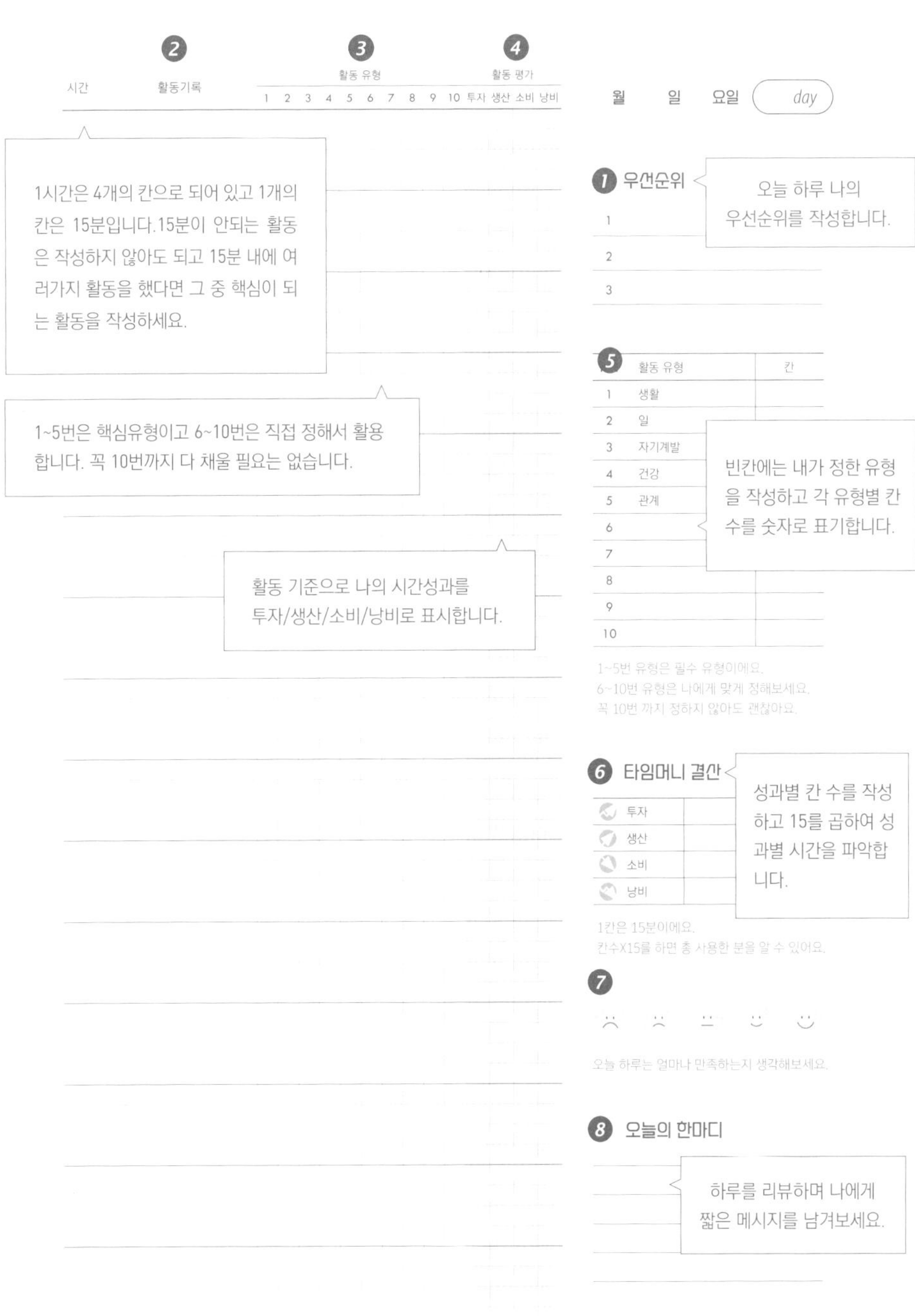

2
3
4
시간
활동기록
활동 유형
활동 평가
1 2 3 4 5 6 7 8 9 10 투자 생산 소비 낭비
월 일 요일 day
1시간은 4개의 칸으로 되어 있고 1개의 칸은 15분입니다. 15분이 안되는 활동은 작성하지 않아도 되고 15분 내에 여러가지 활동을 했다면 그 중 핵심이 되는 활동을 작성하세요.
1~5번은 핵심유형이고 6~10번은 직접 정해서 활용합니다. 꼭 10번까지 다 채울 필요는 없습니다.
활동 기준으로 나의 시간성과를 투자/생산/소비/낭비로 표시합니다.
1 우선순위
오늘 하루 나의 우선순위를 작성합니다.
1
2
3
5
활동 유형
칸
1 생활
2 일
3 자기계발
4 건강
5 관계
6
7
8
9
10
빈칸에는 내가 정한 유형을 작성하고 각 유형별 칸 수를 숫자로 표기합니다.
1~5번 유형은 필수 유형이에요.
6~10번 유형은 나에게 맞게 정해보세요.
꼭 10번 까지 정하지 않아도 괜찮아요.
6 타임머니 결산
투자
생산
소비
낭비
성과별 칸 수를 작성하고 15를 곱하여 성과별 시간을 파악합니다.
1칸은 15분이에요.
칸수X15를 하면 총 사용한 분을 알 수 있어요.
7
오늘 하루는 얼마나 만족하는지 생각해보세요.
8 오늘의 한마디
하루를 리뷰하며 나에게 짧은 메시지를 남겨보세요.

일일 시간가계부 작성 예시 • 30대 여성 프리랜서 워킹맘

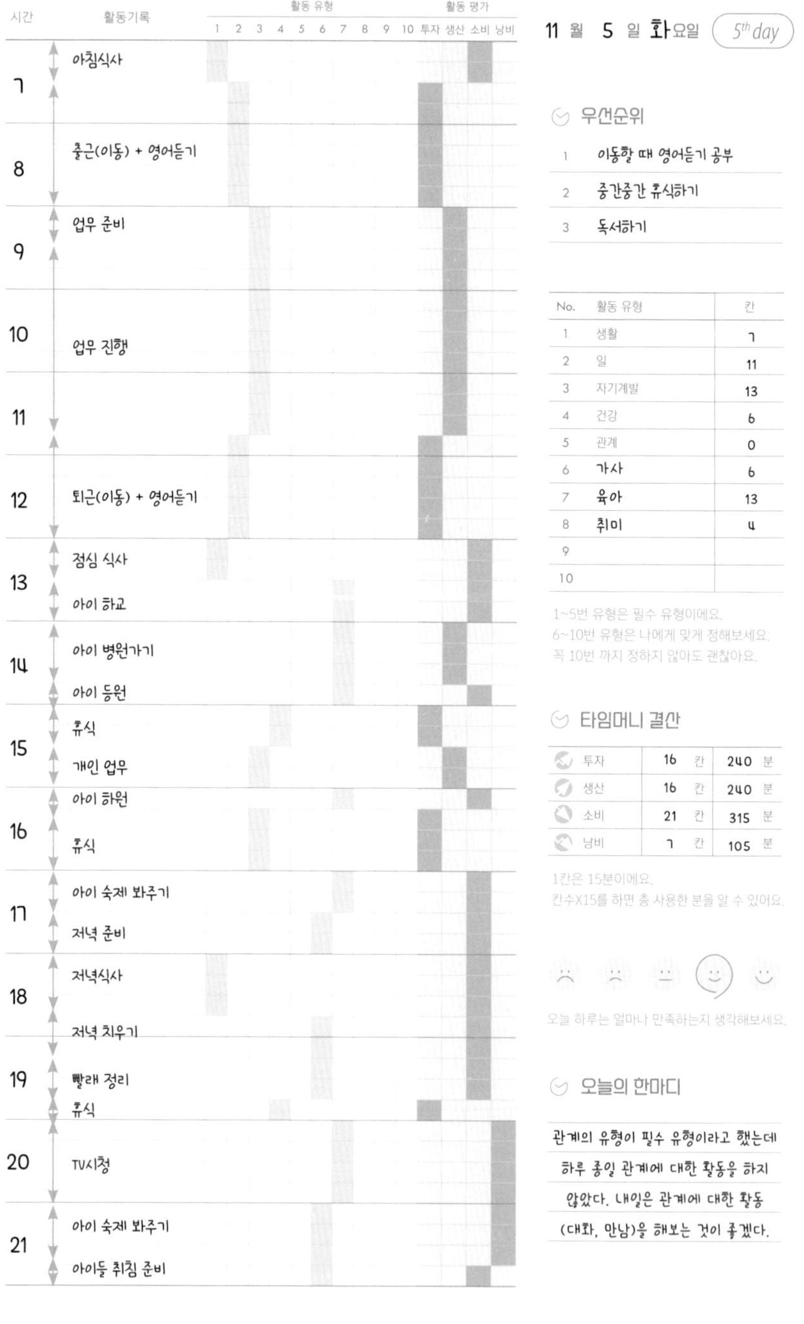

11 월 5 일 화요일 (5th day)

시간	활동기록
7	아침식사
8	출근(이동) + 영어듣기
9	업무 준비
10	업무 진행
11	
12	퇴근(이동) + 영어듣기
13	점심 식사 / 아이 하교
14	아이 병원가기 / 아이 등원
15	휴식 / 개인 업무
16	아이 하원 / 휴식
17	아이 숙제 봐주기 / 저녁 준비
18	저녁식사 / 저녁 치우기
19	빨래 정리 / 휴식
20	TV시청
21	아이 숙제 봐주기 / 아이들 취침 준비

활동 유형: 1 2 3 4 5 6 7 8 9 10 / 활동 평가: 투자 생산 소비 낭비

우선순위

1. 이동할 때 영어듣기 공부
2. 중간중간 휴식하기
3. 독서하기

No.	활동 유형	칸
1	생활	7
2	일	11
3	자기계발	13
4	건강	6
5	관계	0
6	가사	6
7	육아	13
8	취미	4
9		
10		

1~5번 유형은 필수 유형이에요.
6~10번 유형은 나에게 맞게 정해보세요.
꼭 10번 까지 정하지 않아도 괜찮아요.

타임머니 결산

	칸	분
투자	16 칸	240 분
생산	16 칸	240 분
소비	21 칸	315 분
낭비	7 칸	105 분

1칸은 15분이에요.
칸수X15를 하면 총 사용한 분을 알 수 있어요.

오늘 하루는 얼마나 만족하는지 생각해보세요.

오늘의 한마디

관계의 유형이 필수 유형이라고 했는데 하루 종일 관계에 대한 활동을 하지 않았다. 내일은 관계에 대한 활동(대화, 만남)을 해보는 것이 좋겠다.

일일 시간가계부 작성 예시 • 40대 남성 직장인

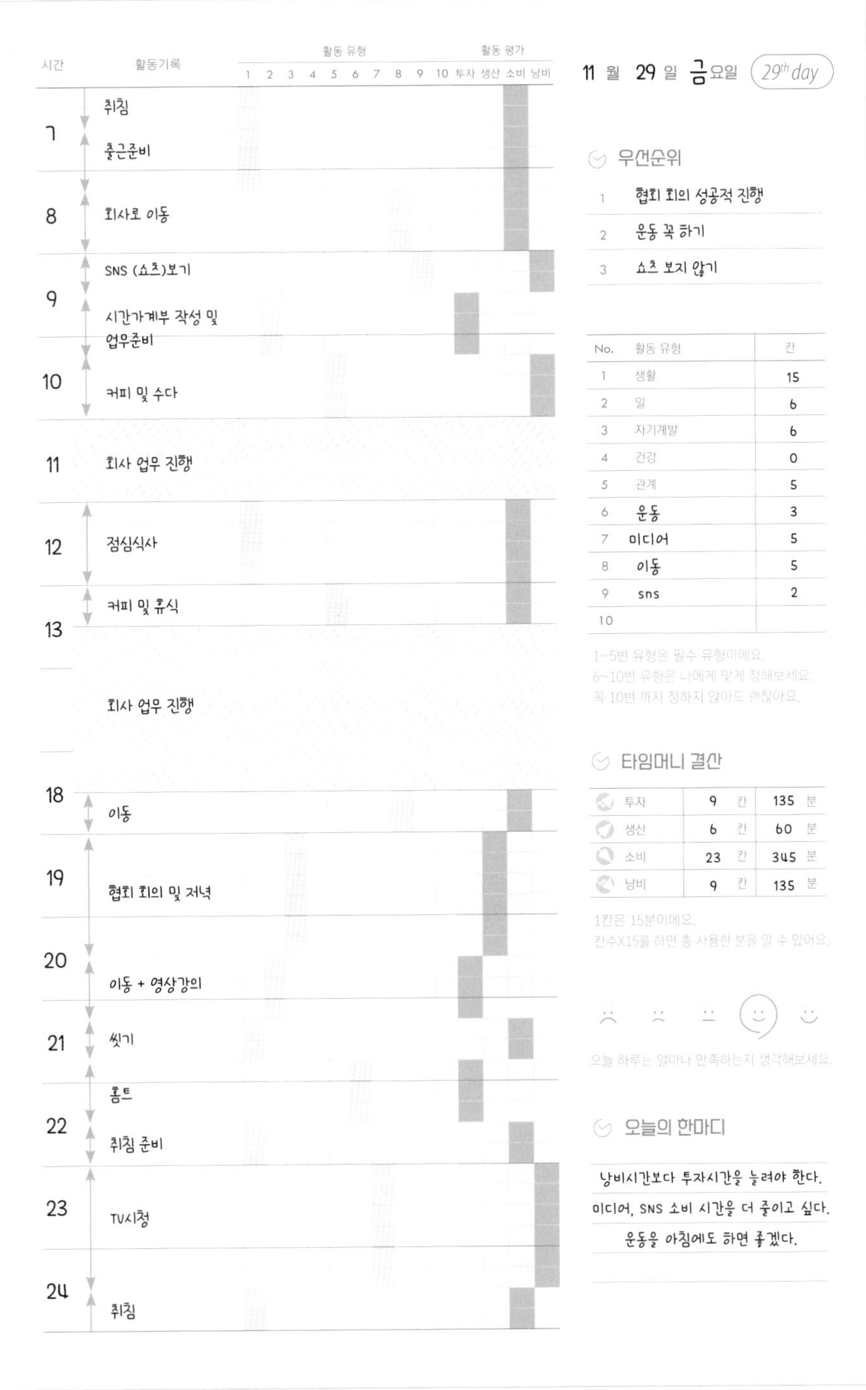

시간
활동기록
활동 유형
1 2 3 4 5 6 7 8 9 10
활동 평가
투자 생산 소비 낭비
7 취침
출근준비
8 회사로 이동
9 SNS (쇼츠)보기
시간가계부 작성 및 업무준비
10 커피 및 수다
11 회사 업무 진행
12 점심식사
13 커피 및 휴식
회사 업무 진행
18 이동
19 협회 회의 및 저녁
20 이동 + 영상강의
21 씻기
22 홈트
취침 준비
23 TV시청
24 취침
11 월 29 일 금요일 29th day
우선순위
1 협회 회의 성공적 진행
2 운동 꼭 하기
3 쇼츠 보지 않기
No. 활동 유형 칸
1 생활 15
2 일 6
3 자기계발 6
4 건강 0
5 관계 5
6 운동 3
7 미디어 5
8 이동 5
9 sns 2
10
1~5번 유형은 필수 유형이에요.
6~10번 유형은 나에게 맞게 정해보세요.
꼭 10번 까지 정하지 않아도 괜찮아요.
타임머니 결산
투자 9 칸 135 분
생산 6 칸 60 분
소비 23 칸 345 분
낭비 9 칸 135 분
1칸은 15분이에요.
칸수X15를 하면 총 사용한 분을 알 수 있어요.
오늘 하루는 얼마나 만족하는지 생각해보세요.
오늘의 한마디
낭비시간보다 투자시간을 늘려야 한다.
미디어, SNS 소비 시간을 더 줄이고 싶다.
운동을 아침에도 하면 좋겠다.

일일 시간가계부 작성 예시 • 60대 여성 은퇴자

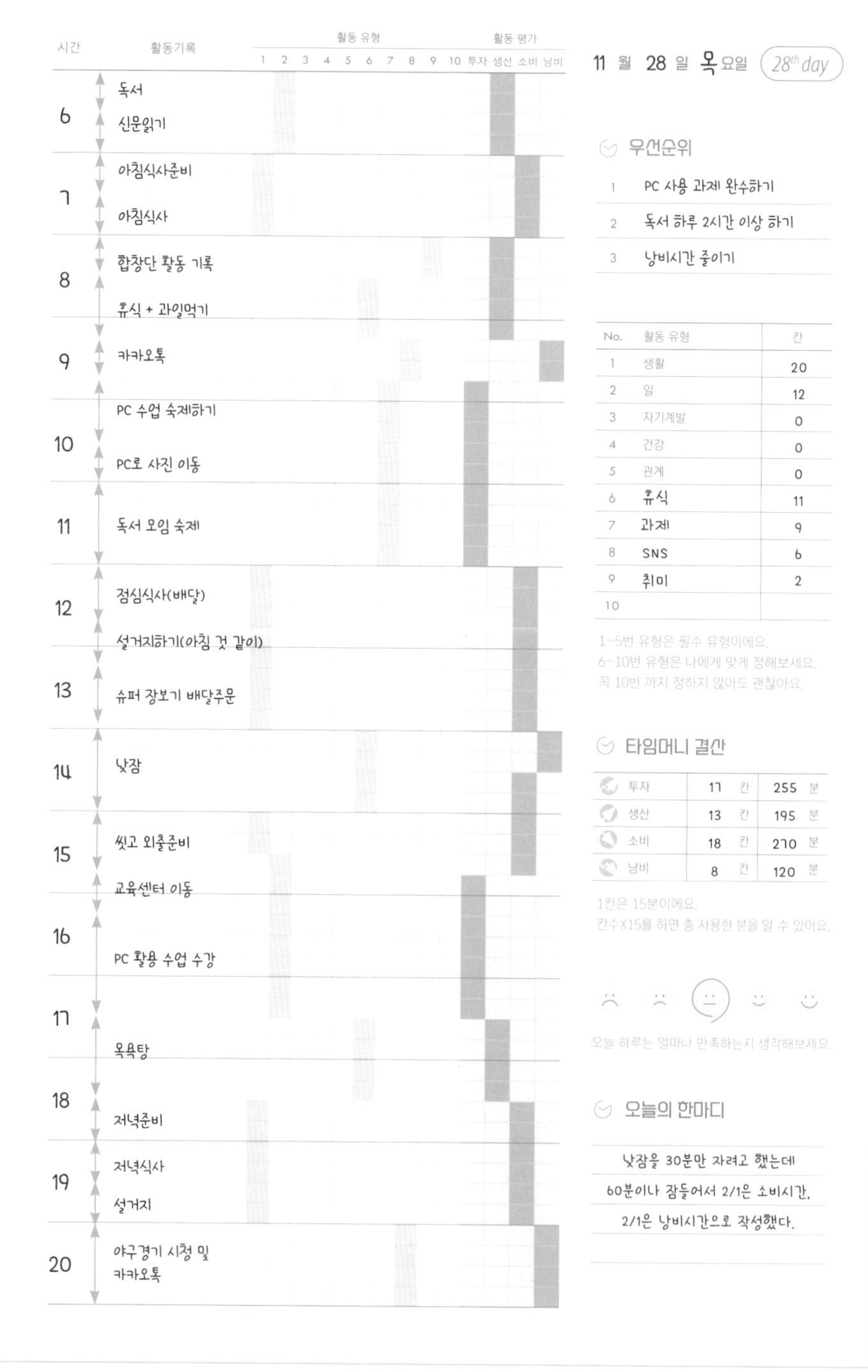

시간	활동기록
6	독서 신문읽기
7	아침식사준비 아침식사
8	합창단 활동 기록 휴식 + 과일먹기
9	카카오톡
10	PC 수업 숙제하기 PC로 사진 이동
11	독서 모임 숙제
12	점심식사(배달) 설거지하기(아침 것 같이)
13	슈퍼 장보기 배달주문
14	낮잠
15	씻고 외출준비 교육센터 이동
16	PC 활용 수업 수강
17	목욕탕
18	저녁준비
19	저녁식사 설거지
20	야구경기 시청 및 카카오톡

활동 유형: 1 2 3 4 5 6 7 8 9 10 / 활동 평가: 투자 생산 소비 낭비

11 월 28 일 목 요일 (28th day)

우선순위

1. PC 사용 과제 완수하기
2. 독서 하루 2시간 이상 하기
3. 낭비시간 줄이기

No.	활동 유형	칸
1	생활	20
2	일	12
3	자기계발	0
4	건강	0
5	관계	0
6	휴식	11
7	과제	9
8	SNS	6
9	취미	2
10		

1~5번 유형은 필수 유형이에요.
6~10번 유형은 나에게 맞게 정해보세요.
꼭 10번 까지 정하지 않아도 괜찮아요.

타임머니 결산

투자	11	칸	255	분
생산	13	칸	195	분
소비	18	칸	270	분
낭비	8	칸	120	분

1칸은 15분이에요.
칸수X15를 하면 총 사용한 분을 알 수 있어요.

오늘 하루는 얼마나 만족하는지 생각해보세요.

오늘의 한마디

낮잠을 30분만 자려고 했는데
60분이나 잠들어서 2/1은 소비시간,
2/1은 낭비시간으로 작성했다.

시간가계부
작성 준비하기

시간은 한정된 자산이므로 가치있게 사용해야 합니다.

시간가계부를 통해 매일의 시간을 기록하면,

시간낭비의 원인이 파악되어 불필요한 활동을 줄일 수 있습니다.

현재 나의 시간

시간정리가 필요한 이유는 무엇인가요?	1) 시간정리를 통해 시간부자가 되어야 하는 이유는 무엇인가요? 2) 시간정리를 통해 하루 시간 중 더 늘리고 싶은 활동과 시간은 몇 분인가요? 3) 시간정리를 통해 줄이고 싶은 활동과 정리가 가능한 시간은 몇 분 인가요? 4) 닮고 싶은 롤모델은 누구이며, 이유는 무엇인가요? 5) 시간가계부를 작성하면서 포기하고 싶을 때, 마음을 잡을 수 있는 한마디는 무엇인가요?
시간가계부 매일 15분 15주 작성 이후 기대하는 모습을 작성해보세요.	

나의 시간사용에 영향을 주는 5가지 요소는 무엇인가요?

시간부자 트레이닝을 위해 시간 사용에 영향을 미치는 다섯 가지 요소(역할, 목표, 루틴, 가치, 습관)를 파악하는 것은 매우 중요합니다. 이 요소들은 우리의 시간 사용 방식을 형성하고, 시간에 대한 우선순위를 설정하는 데 중요한 기준이 됩니다. 각 요소를 이해하면 자신의 시간 사용 패턴을 분석하고, 효율적이고 의미 있는 시간 정리를 위한 구체적인 방향을 설정할 수 있습니다.

역할	목표	루틴	가치	습관

역할 (Role)

우리는 팀장/엄마/모임리더 처럼 일과 삶에서 다양한 역할을 가지고 있습니다. 역할은 우리의 시간 사용에 영향을 주며, 각 역할에 맞는 시간을 배분하는 것이 중요합니다. 시간부자 트레이닝에서 우선순위에 두고 싶은 역할은 무엇인가요?

목표 (Goal)

목표는 우리의 삶에서 이루고자 하는 바를 명확히 하는 요소입니다. 단기 및 장기 목표에 따라 시간을 어떻게 사용할지 결정하게 됩니다. 설정한 목표를 위해 시간을 투자하는 것은, 시간을 의미 있게 쓰기 위한 중요한 출발점이 됩니다. 시간부자 트레이닝에서 이루고 싶은 3년 후 목표는 무엇인가요?

루틴 (Routine)

루틴은 매일 반복적으로 수행하는 일상적 활동을 의미합니다. 일관된 루틴은 시간 사용에 큰 도움을 주며, 불필요한 시간 낭비를 줄이는 데 중요합니다. 시간부자 트레이닝에서는 만들고 유지하는 싶은 루틴은 무엇인가요?

가치 (Value)

가치는 어떤 활동에 더 많은 시간을 쓰고 싶은지, 어떤 일에 우선순위를 두고 싶은지에 영향을 미칩니다. 시간부자 트레이닝을 통해 건강, 신앙, 가족처럼 중요하게 여기고 싶은 가치는 무엇인가요?

습관 (Habit)

습관은 무의식적으로 반복하는 행동으로, 우리 시간 사용 방식에 큰 영향을 미칩니다. 잘못된 습관은 시간 낭비로 이어질 수 있지만, 긍정적인 습관은 생산성을 높여줍니다. 시간부자 트레이닝에서는 바꾸고 싶은 습관은 무엇인가요?

15주 실천계획

15주 종합 목표

실천계획

투자	
생산	
소비	
낭비	

- 투자 : 지금 당장은 아니지만 실행 시간이 누적되면 나를 변화시키는 것은 무엇인가요?
- 생산 : 계획을 실천했을 때 즉각적으로 나에게 긍정적인 영향을 주는 것은 무엇인가요?
- 소비 : 내가 일상을 살아가는데 꼭 필요한 행위들은 무엇인가요?
- 낭비 : 나에게 도움이 되지 않아서 줄이고 싶은, 또는 없애고 싶은 활동은 무엇인가요?

1 2 3 4 5 6 7

8 9 10 11 12 13 14

15 16 17 18 19 20 21

22 23 24 25 26 27 28

29 30 31 32 33 34 35

36 37 38 39 40 41 42

43 44 45 46 47 48 49

50 51 52 53 54 55 56

57 58 59 60 61 62 63

64 65 66 67 68 69 70

71 72 73 74 75 76 77

78 79 80 81 82 83 84

85 86 87 88 89 90 91

92 93 94 95 96 97 98

99 100 101 102 103 104 105

1 주차

시간가계부

우선순위가 높은 활동에 시간을 투자해야 합니다.
중요하지 않은 일에 시간을 많이 쓰면,
정작 의미 있는 일에 필요한 시간이 부족해질 수 있습니다.

주간 시간 계획

이번주 나의 목표

5가지 요소	역할	목표	루틴	가치	습관
나의 요소					
요소에 따른 목표					

이번주 이루고 싶은 일

시간	월	화	수	목	금	토	일

나의 주요 활동 시간을 시간 칸에 작성하고 15시간을 정리해서 일상의 생산성을 효과적으로 상승시키세요.

시간	활동기록	1	2	3	4	5	6	7	8	9	10	투자	생산	소비	낭비

(활동 유형: 1–10 / 활동 평가: 투자, 생산, 소비, 낭비)

월 일 요일 1st day

우선순위

1

2

3

No.	활동 유형	칸
1	생활	
2	일	
3	자기계발	
4	건강	
5	관계	
6		
7		
8		
9		
10		

1~5번 유형은 필수 유형이에요.
6~10번 유형은 나에게 맞게 정해보세요.
꼭 10번 까지 정하지 않아도 괜찮아요.

타임머니 결산

투자	칸	분
생산	칸	분
소비	칸	분
낭비	칸	분

1칸은 15분이에요.
칸수X15를 하면 총 사용한 분을 알 수 있어요.

오늘 하루는 얼마나 만족하는지 생각해보세요.

오늘의 한마디

시간	활동기록	활동 유형										활동 평가			
		1	2	3	4	5	6	7	8	9	10	투자	생산	소비	낭비

월 일 요일 *2nd day*

우선순위

1

2

3

No.	활동 유형	칸
1	생활	
2	일	
3	자기계발	
4	건강	
5	관계	
6		
7		
8		
9		
10		

1~5번 유형은 필수 유형이에요.
6~10번 유형은 나에게 맞게 정해보세요.
꼭 10번 까지 정하지 않아도 괜찮아요.

타임머니 결산

투자	칸	분
생산	칸	분
소비	칸	분
낭비	칸	분

1칸은 15분이에요.
칸수X15를 하면 총 사용한 분을 알 수 있어요.

오늘 하루는 얼마나 만족하는지 생각해보세요.

오늘의 한마디

시간	활동기록	1	2	3	4	5	6	7	8	9	10	투자	생산	소비	낭비

(활동 유형: 1–10 / 활동 평가: 투자 생산 소비 낭비)

월 일 요일 *3rd day*

우선순위

1

2

3

No.	활동 유형	칸
1	생활	
2	일	
3	자기계발	
4	건강	
5	관계	
6		
7		
8		
9		
10		

1~5번 유형은 필수 유형이에요.
6~10번 유형은 나에게 맞게 정해보세요.
꼭 10번 까지 정하지 않아도 괜찮아요.

타임머니 결산

투자	칸	분
생산	칸	분
소비	칸	분
낭비	칸	분

1칸은 15분이에요.
칸수X15를 하면 총 사용한 분을 알 수 있어요.

오늘 하루는 얼마나 만족하는지 생각해보세요.

오늘의 한마디

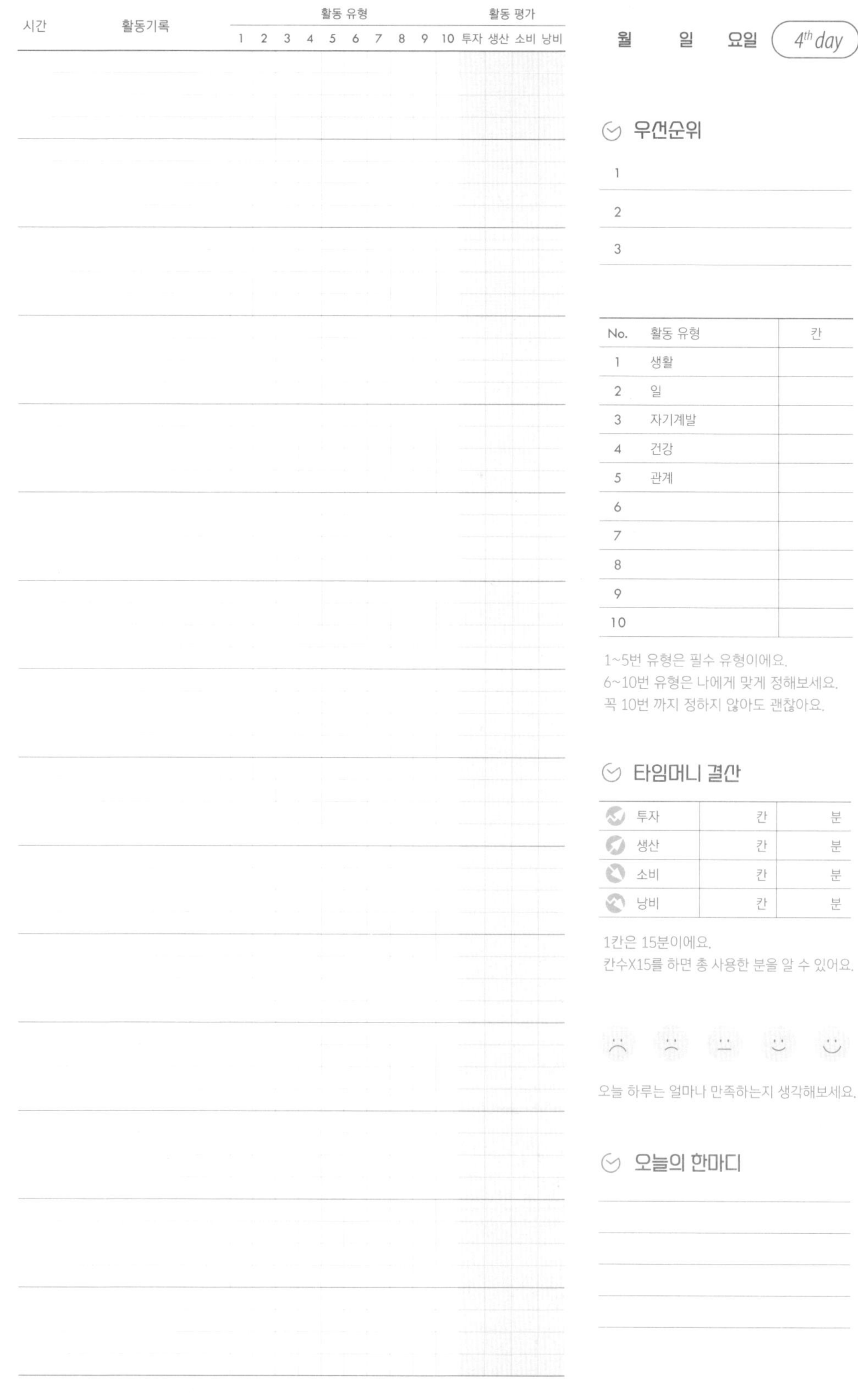

시간	활동기록	활동 유형										활동 평가			
		1	2	3	4	5	6	7	8	9	10	투자	생산	소비	낭비

월 일 요일 4th day

우선순위

1

2

3

No.	활동 유형	칸
1	생활	
2	일	
3	자기계발	
4	건강	
5	관계	
6		
7		
8		
9		
10		

1~5번 유형은 필수 유형이에요.
6~10번 유형은 나에게 맞게 정해보세요.
꼭 10번 까지 정하지 않아도 괜찮아요.

타임머니 결산

투자	칸	분
생산	칸	분
소비	칸	분
낭비	칸	분

1칸은 15분이에요.
칸수X15를 하면 총 사용한 분을 알 수 있어요.

오늘 하루는 얼마나 만족하는지 생각해보세요.

오늘의 한마디

시간	활동기록	1	2	3	4	5	6	7	8	9	10	투자	생산	소비	낭비

(활동 유형: 1–10 / 활동 평가: 투자, 생산, 소비, 낭비)

월 일 요일 5th day

우선순위

1

2

3

No.	활동 유형	칸
1	생활	
2	일	
3	자기계발	
4	건강	
5	관계	
6		
7		
8		
9		
10		

1~5번 유형은 필수 유형이에요.
6~10번 유형은 나에게 맞게 정해보세요.
꼭 10번 까지 정하지 않아도 괜찮아요.

타임머니 결산

투자	칸	분
생산	칸	분
소비	칸	분
낭비	칸	분

1칸은 15분이에요.
칸수X15를 하면 총 사용한 분을 알 수 있어요.

오늘 하루는 얼마나 만족하는지 생각해보세요.

오늘의 한마디

시간	활동기록	활동 유형										활동 평가			
		1	2	3	4	5	6	7	8	9	10	투자	생산	소비	낭비

월 일 요일 *6th day*

우선순위

1

2

3

No.	활동 유형	칸
1	생활	
2	일	
3	자기계발	
4	건강	
5	관계	
6		
7		
8		
9		
10		

1~5번 유형은 필수 유형이에요.
6~10번 유형은 나에게 맞게 정해보세요.
꼭 10번 까지 정하지 않아도 괜찮아요.

타임머니 결산

투자	칸	분
생산	칸	분
소비	칸	분
낭비	칸	분

1칸은 15분이에요.
칸수X15를 하면 총 사용한 분을 알 수 있어요.

오늘 하루는 얼마나 만족하는지 생각해보세요.

오늘의 한마디

시간	활동기록	활동 유형										활동 평가			
		1	2	3	4	5	6	7	8	9	10	투자	생산	소비	낭비

월 일 요일 7th day

우선순위

1

2

3

No.	활동 유형	칸
1	생활	
2	일	
3	자기계발	
4	건강	
5	관계	
6		
7		
8		
9		
10		

1~5번 유형은 필수 유형이에요.
6~10번 유형은 나에게 맞게 정해보세요.
꼭 10번 까지 정하지 않아도 괜찮아요.

타임머니 결산

투자	칸	분
생산	칸	분
소비	칸	분
낭비	칸	분

1칸은 15분이에요.
칸수X15를 하면 총 사용한 분을 알 수 있어요.

오늘 하루는 얼마나 만족하는지 생각해보세요.

오늘의 한마디

이번주 피드백

계획한 일을 우선순위대로 잘 실행했나요?

투자와 생산의 시간을 충분히 가졌나요?

낭비되는 시간을 줄이려고 노력했나요?

이번주 시간 통계

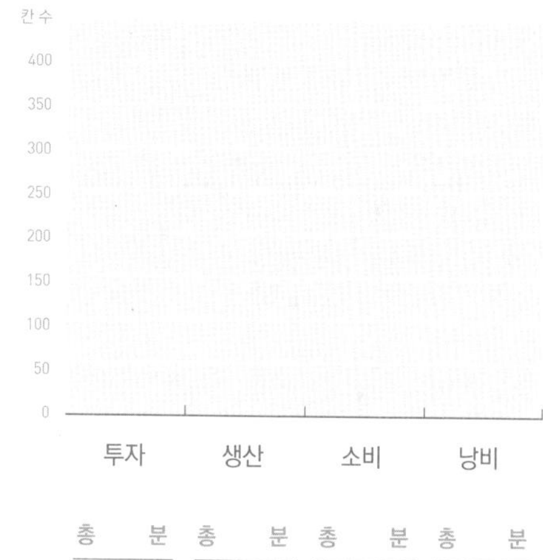

투자 생산 소비 낭비

총 분 총 분 총 분 총 분

투자 시간

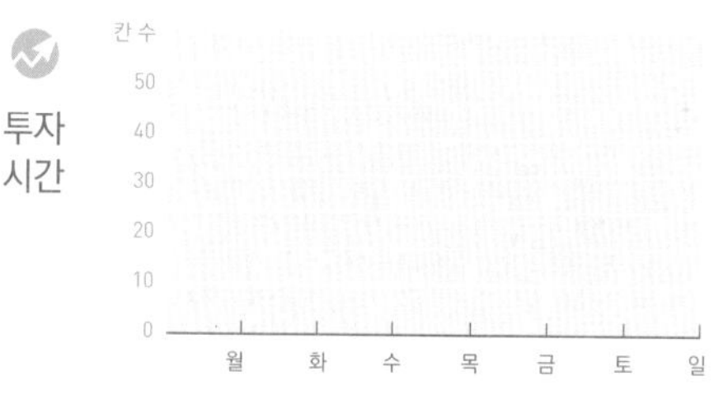

생산 시간

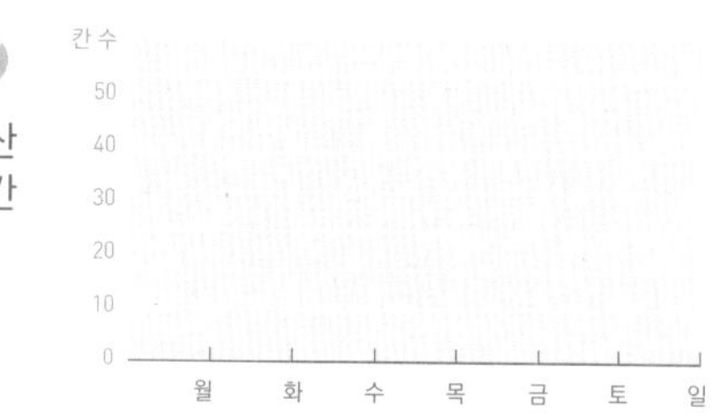

소비 시간

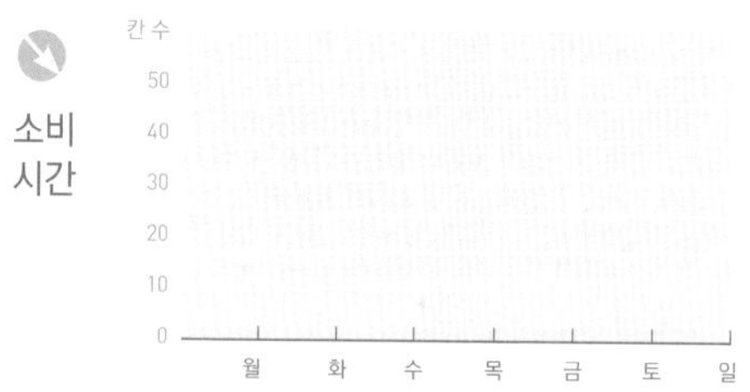

낭비 시간

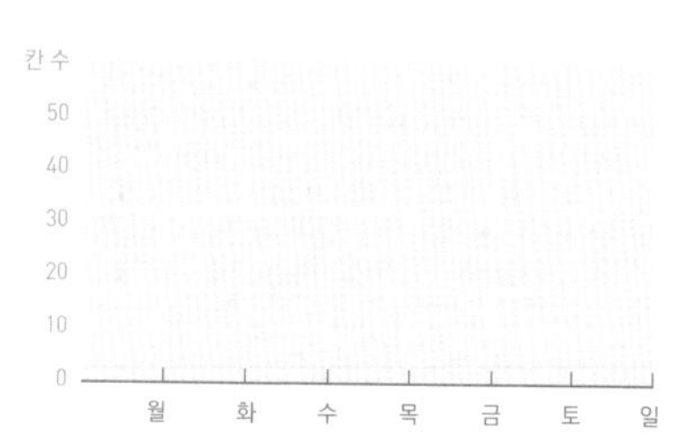

이번주 시간 사용 만족도

2주차

시간가계부

지나치게 많은 시간을 일하거나,
반대로 과도한 여가 시간을 보내는 것은
삶의 만족도를 낮출 수 있습니다.

주간 시간 계획

이번주 나의 목표

5가지 요소	역할	목표	루틴	가치	습관
나의 요소					

요소에 따른 목표

이번주 이루고 싶은 일

시간	월	화	수	목	금	토	일

나의 주요 활동 시간을 시간 칸에 작성하고 15시간을 정리해서 일상의 생산성을 효과적으로 상승시키세요.

시간	활동기록	활동 유형 1	2	3	4	5	6	7	8	9	10	활동 평가 투자	생산	소비	낭비

월 일 요일 *8th day*

우선순위

1

2

3

No.	활동 유형	칸
1	생활	
2	일	
3	자기계발	
4	건강	
5	관계	
6		
7		
8		
9		
10		

1~5번 유형은 필수 유형이에요.
6~10번 유형은 나에게 맞게 정해보세요.
꼭 10번 까지 정하지 않아도 괜찮아요.

타임머니 결산

투자	칸	분
생산	칸	분
소비	칸	분
낭비	칸	분

1칸은 15분이에요.
칸수X15를 하면 총 사용한 분을 알 수 있어요.

오늘 하루는 얼마나 만족하는지 생각해보세요.

오늘의 한마디

시간	활동기록	활동 유형										활동 평가			
		1	2	3	4	5	6	7	8	9	10	투자	생산	소비	낭비

월 일 요일 *9th day*

우선순위

1

2

3

No.	활동 유형	칸
1	생활	
2	일	
3	자기계발	
4	건강	
5	관계	
6		
7		
8		
9		
10		

1~5번 유형은 필수 유형이에요.
6~10번 유형은 나에게 맞게 정해보세요.
꼭 10번 까지 정하지 않아도 괜찮아요.

타임머니 결산

투자	칸	분
생산	칸	분
소비	칸	분
낭비	칸	분

1칸은 15분이에요.
칸수X15를 하면 총 사용한 분을 알 수 있어요.

오늘 하루는 얼마나 만족하는지 생각해보세요.

오늘의 한마디

시간	활동기록	활동 유형										활동 평가			
		1	2	3	4	5	6	7	8	9	10	투자	생산	소비	낭비

월 일 요일 10th day

우선순위

1

2

3

No.	활동 유형	칸
1	생활	
2	일	
3	자기계발	
4	건강	
5	관계	
6		
7		
8		
9		
10		

1~5번 유형은 필수 유형이에요.
6~10번 유형은 나에게 맞게 정해보세요.
꼭 10번 까지 정하지 않아도 괜찮아요.

타임머니 결산

투자	칸	분
생산	칸	분
소비	칸	분
낭비	칸	분

1칸은 15분이에요.
칸수X15를 하면 총 사용한 분을 알 수 있어요.

오늘 하루는 얼마나 만족하는지 생각해보세요.

오늘의 한마디

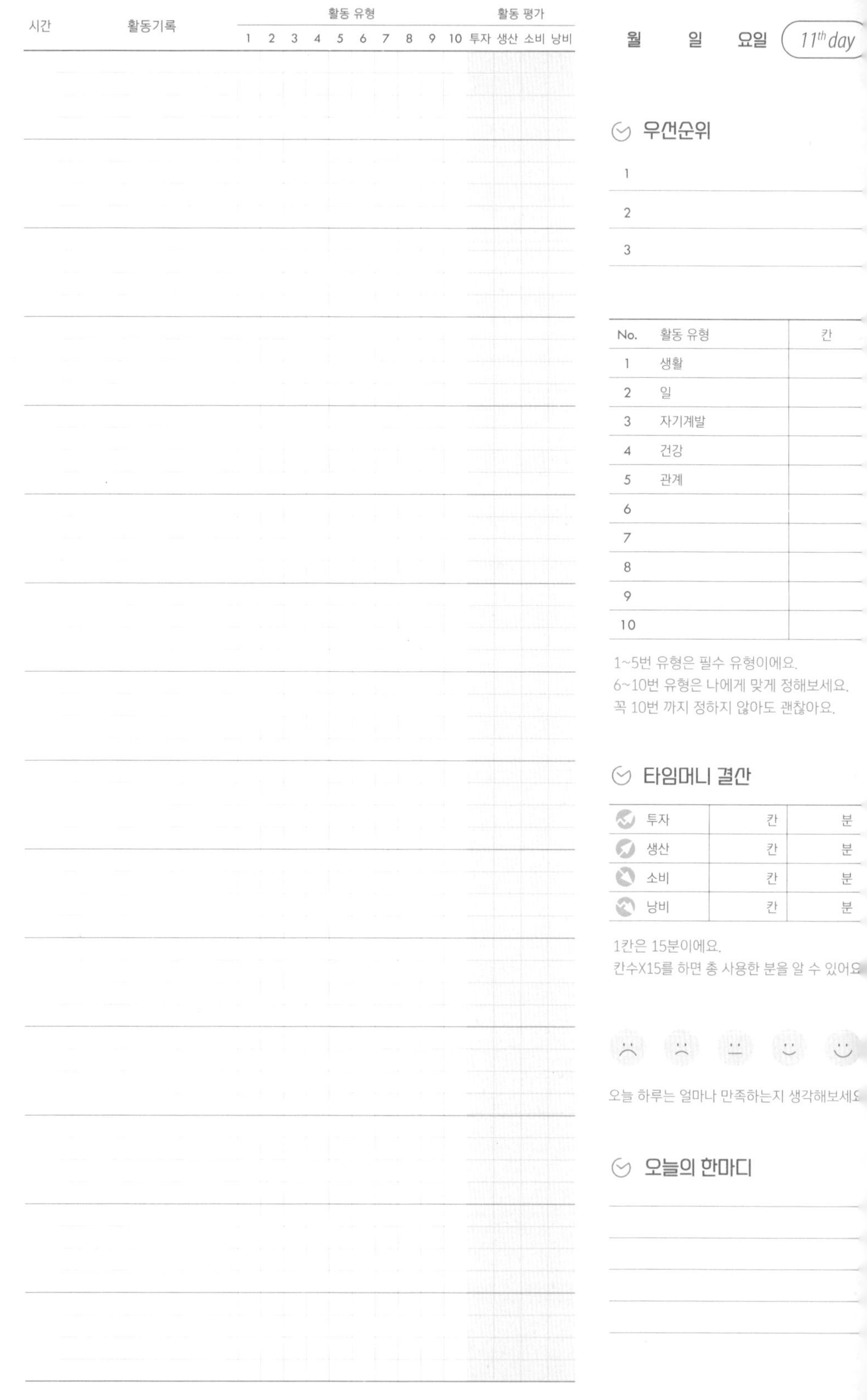

시간	활동기록	활동 유형 1	2	3	4	5	6	7	8	9	10	활동 평가 투자	생산	소비	낭비

월 일 요일 *11th day*

우선순위

1

2

3

No.	활동 유형	칸
1	생활	
2	일	
3	자기계발	
4	건강	
5	관계	
6		
7		
8		
9		
10		

1~5번 유형은 필수 유형이에요.
6~10번 유형은 나에게 맞게 정해보세요.
꼭 10번 까지 정하지 않아도 괜찮아요.

타임머니 결산

투자	칸	분
생산	칸	분
소비	칸	분
낭비	칸	분

1칸은 15분이에요.
칸수X15를 하면 총 사용한 분을 알 수 있어요

오늘 하루는 얼마나 만족하는지 생각해보세요

오늘의 한마디

시간	활동기록	활동 유형 1	2	3	4	5	6	7	8	9	10	활동 평가 투자	생산	소비	낭비

월 일 요일 12th day

우선순위

1

2

3

No.	활동 유형	칸
1	생활	
2	일	
3	자기계발	
4	건강	
5	관계	
6		
7		
8		
9		
10		

1~5번 유형은 필수 유형이에요.
6~10번 유형은 나에게 맞게 정해보세요.
꼭 10번 까지 정하지 않아도 괜찮아요.

타임머니 결산

투자	칸	분
생산	칸	분
소비	칸	분
낭비	칸	분

1칸은 15분이에요.
칸수X15를 하면 총 사용한 분을 알 수 있어요.

오늘 하루는 얼마나 만족하는지 생각해보세요.

오늘의 한마디

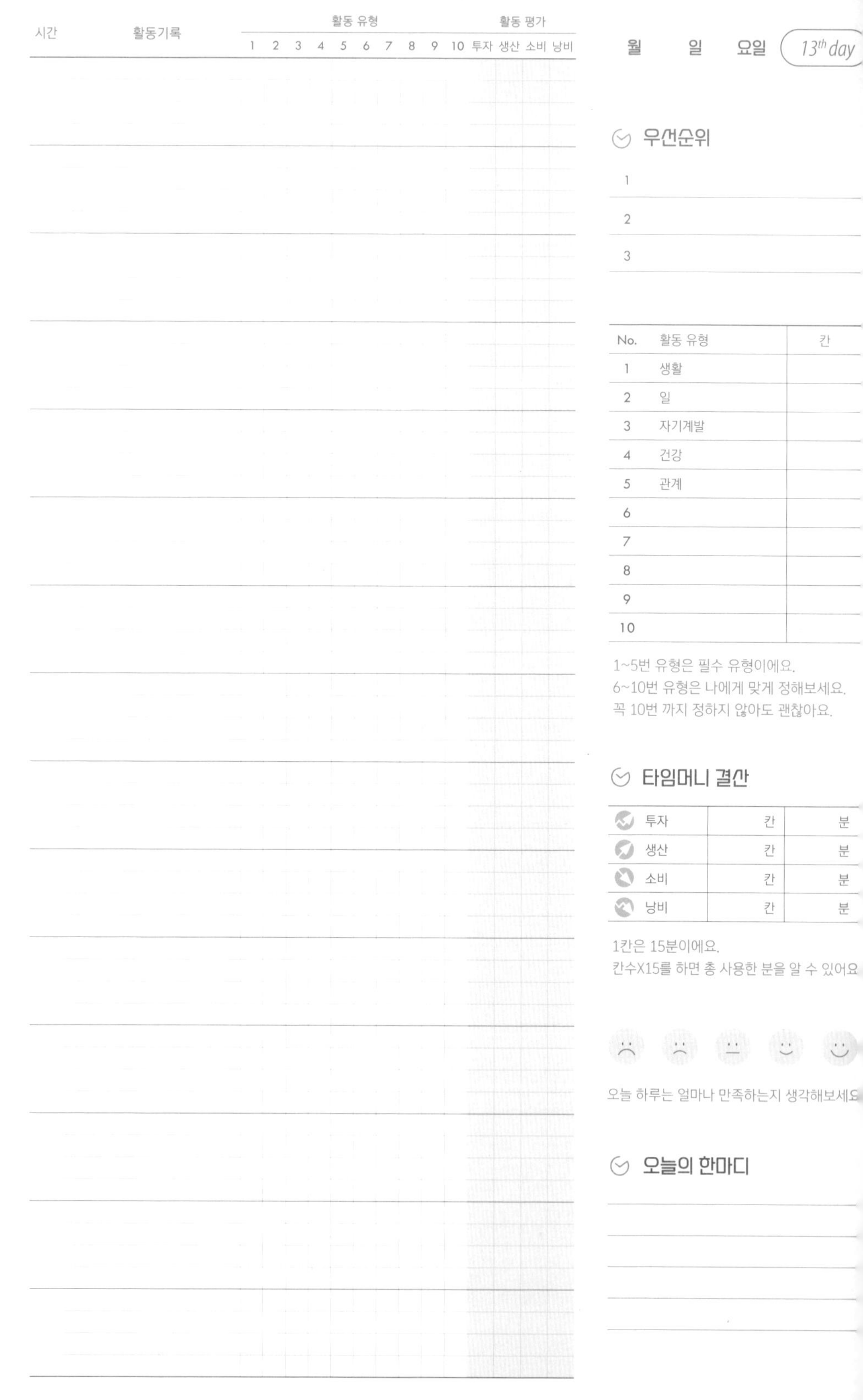

시간	활동기록	활동 유형										활동 평가			
		1	2	3	4	5	6	7	8	9	10	투자	생산	소비	낭비

월 일 요일 *13th day*

우선순위

1

2

3

No.	활동 유형	칸
1	생활	
2	일	
3	자기계발	
4	건강	
5	관계	
6		
7		
8		
9		
10		

1~5번 유형은 필수 유형이에요.
6~10번 유형은 나에게 맞게 정해보세요.
꼭 10번 까지 정하지 않아도 괜찮아요.

타임머니 결산

투자	칸	분
생산	칸	분
소비	칸	분
낭비	칸	분

1칸은 15분이에요.
칸수X15를 하면 총 사용한 분을 알 수 있어요

오늘 하루는 얼마나 만족하는지 생각해보세요

오늘의 한마디

시간	활동기록	활동 유형										활동 평가			
		1	2	3	4	5	6	7	8	9	10	투자	생산	소비	낭비

월 일 요일 *14th day*

우선순위

1

2

3

No.	활동 유형	칸
1	생활	
2	일	
3	자기계발	
4	건강	
5	관계	
6		
7		
8		
9		
10		

1~5번 유형은 필수 유형이에요.
6~10번 유형은 나에게 맞게 정해보세요.
꼭 10번 까지 정하지 않아도 괜찮아요.

타임머니 결산

투자	칸	분
생산	칸	분
소비	칸	분
낭비	칸	분

1칸은 15분이에요.
칸수X15를 하면 총 사용한 분을 알 수 있어요.

오늘 하루는 얼마나 만족하는지 생각해보세요.

오늘의 한마디

 시간 사용 내역을 기록하고 시각화하면 더 효율적인 시간정리를 할 수 있습니다.

이번주 피드백

계획한 일을 우선순위대로 잘 실행했나요?

투자와 생산의 시간을 충분히 가졌나요?

낭비되는 시간을 줄이려고 노력했나요?

이번주 시간 통계

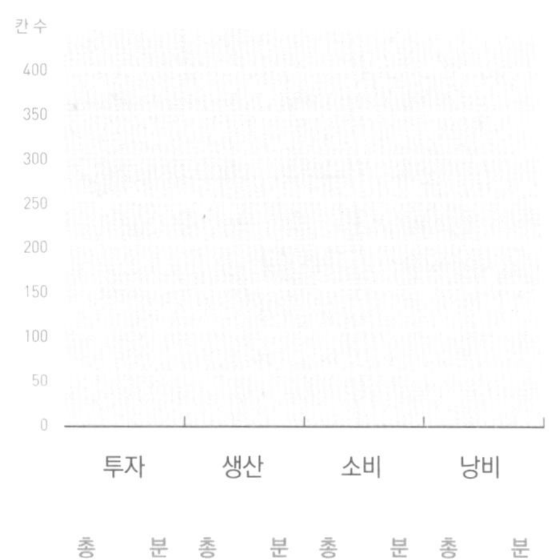

총 분 총 분 총 분 총 분

투자 시간

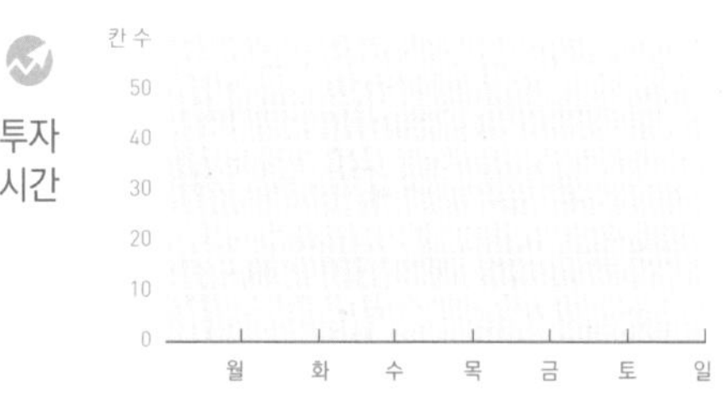

생산 시간

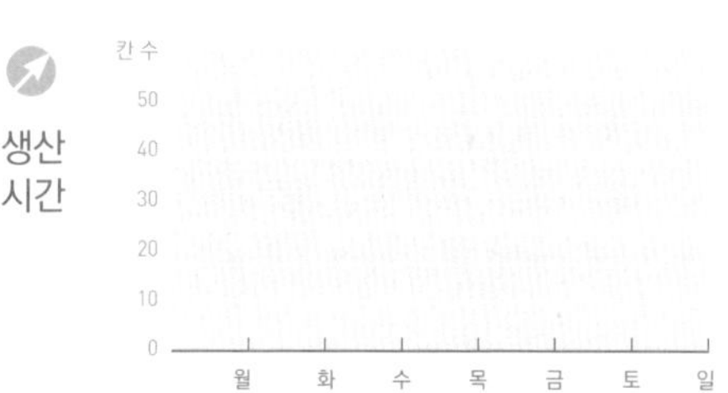

소비 시간

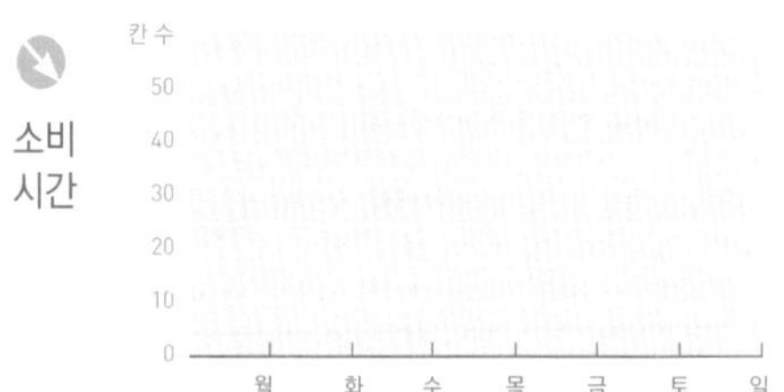

낭비 시간

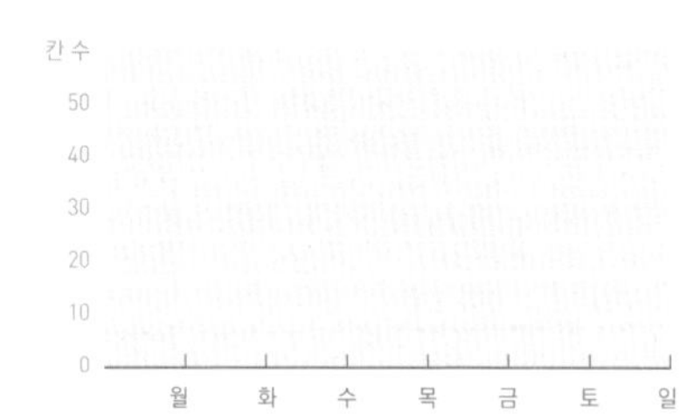

이번주 시간 사용 만족도

3주차

시간가계부

적절한 시간 배분이 이루어지지 않으면,
개인의 건강과 사회적 관계에도 부정적인 영향을 미치며,
이는 곧 전반적인 행복도 감소로 이어질 수 있습니다.

주간 시간 계획

이번주 나의 목표

5가지 요소	역할	목표	루틴	가치	습관
나의 요소					
요소에 따른 목표					

이번주 이루고 싶은 일

시간	월	화	수	목	금	토	일

나의 주요 활동 시간을 시간 칸에 작성하고 15시간을 정리해서 일상의 생산성을 효과적으로 상승시키세요.

시간	활동기록	1	2	3	4	5	6	7	8	9	10	투자	생산	소비	낭비

월 일 요일 15th day

우선순위

1

2

3

No.	활동 유형	칸
1	생활	
2	일	
3	자기계발	
4	건강	
5	관계	
6		
7		
8		
9		
10		

1~5번 유형은 필수 유형이에요.
6~10번 유형은 나에게 맞게 정해보세요.
꼭 10번 까지 정하지 않아도 괜찮아요.

타임머니 결산

	칸	분
투자	칸	분
생산	칸	분
소비	칸	분
낭비	칸	분

1칸은 15분이에요.
칸수X15를 하면 총 사용한 분을 알 수 있어요.

오늘 하루는 얼마나 만족하는지 생각해보세요.

오늘의 한마디

시간	활동기록	활동 유형										활동 평가			
		1	2	3	4	5	6	7	8	9	10	투자	생산	소비	낭비

월 일 요일 16th day

우선순위

1

2

3

No.	활동 유형	칸
1	생활	
2	일	
3	자기계발	
4	건강	
5	관계	
6		
7		
8		
9		
10		

1~5번 유형은 필수 유형이에요.
6~10번 유형은 나에게 맞게 정해보세요.
꼭 10번 까지 정하지 않아도 괜찮아요.

타임머니 결산

투자	칸	분
생산	칸	분
소비	칸	분
낭비	칸	분

1칸은 15분이에요.
칸수X15를 하면 총 사용한 분을 알 수 있어요.

오늘 하루는 얼마나 만족하는지 생각해보세요.

오늘의 한마디

시간	활동기록	1	2	3	4	5	6	7	8	9	10	투자	생산	소비	낭비

(활동 유형: 1–10 / 활동 평가: 투자, 생산, 소비, 낭비)

월 일 요일 *17th day*

우선순위

1

2

3

No.	활동 유형	칸
1	생활	
2	일	
3	자기계발	
4	건강	
5	관계	
6		
7		
8		
9		
10		

1~5번 유형은 필수 유형이에요.
6~10번 유형은 나에게 맞게 정해보세요.
꼭 10번 까지 정하지 않아도 괜찮아요.

타임머니 결산

	칸	분
투자	칸	분
생산	칸	분
소비	칸	분
낭비	칸	분

1칸은 15분이에요.
칸수X15를 하면 총 사용한 분을 알 수 있어요.

오늘 하루는 얼마나 만족하는지 생각해보세요.

오늘의 한마디

시간	활동기록	활동 유형 1	2	3	4	5	6	7	8	9	10	활동 평가 투자	생산	소비	낭비

월 일 요일 18th day

우선순위

1

2

3

No.	활동 유형	칸
1	생활	
2	일	
3	자기계발	
4	건강	
5	관계	
6		
7		
8		
9		
10		

1~5번 유형은 필수 유형이에요.
6~10번 유형은 나에게 맞게 정해보세요.
꼭 10번 까지 정하지 않아도 괜찮아요.

타임머니 결산

투자	칸	분
생산	칸	분
소비	칸	분
낭비	칸	분

1칸은 15분이에요.
칸수X15를 하면 총 사용한 분을 알 수 있어요.

오늘 하루는 얼마나 만족하는지 생각해보세요.

오늘의 한마디

시간	활동기록	활동 유형										활동 평가			
		1	2	3	4	5	6	7	8	9	10	투자	생산	소비	낭비

월 일 요일 *19th day*

우선순위

1

2

3

No.	활동 유형	칸
1	생활	
2	일	
3	자기계발	
4	건강	
5	관계	
6		
7		
8		
9		
10		

1~5번 유형은 필수 유형이에요.
6~10번 유형은 나에게 맞게 정해보세요.
꼭 10번 까지 정하지 않아도 괜찮아요.

타임머니 결산

투자	칸	분
생산	칸	분
소비	칸	분
낭비	칸	분

1칸은 15분이에요.
칸수X15를 하면 총 사용한 분을 알 수 있어요.

오늘 하루는 얼마나 만족하는지 생각해보세요.

오늘의 한마디

시간	활동기록	활동 유형 1	2	3	4	5	6	7	8	9	10	활동 평가 투자	생산	소비	낭비

월 일 요일 *20th day*

우선순위

1

2

3

No.	활동 유형	칸
1	생활	
2	일	
3	자기계발	
4	건강	
5	관계	
6		
7		
8		
9		
10		

1~5번 유형은 필수 유형이에요.
6~10번 유형은 나에게 맞게 정해보세요.
꼭 10번 까지 정하지 않아도 괜찮아요.

타임머니 결산

투자	칸	분
생산	칸	분
소비	칸	분
낭비	칸	분

1칸은 15분이에요.
칸수X15를 하면 총 사용한 분을 알 수 있어요.

오늘 하루는 얼마나 만족하는지 생각해보세요.

오늘의 한마디

시간	활동기록	활동 유형 1	2	3	4	5	6	7	8	9	10	활동 평가 투자	생산	소비	낭비

월 일 요일 21st day

우선순위

1

2

3

No.	활동 유형	칸
1	생활	
2	일	
3	자기계발	
4	건강	
5	관계	
6		
7		
8		
9		
10		

1~5번 유형은 필수 유형이에요.
6~10번 유형은 나에게 맞게 정해보세요.
꼭 10번 까지 정하지 않아도 괜찮아요.

타임머니 결산

투자	칸	분
생산	칸	분
소비	칸	분
낭비	칸	분

1칸은 15분이에요.
칸수X15를 하면 총 사용한 분을 알 수 있어요.

오늘 하루는 얼마나 만족하는지 생각해보세요.

오늘의 한마디

이번주 피드백

계획한 일을 우선순위대로 잘 실행했나요?

투자와 생산의 시간을 충분히 가졌나요?

낭비되는 시간을 줄이려고 노력했나요?

이번주 시간 통계

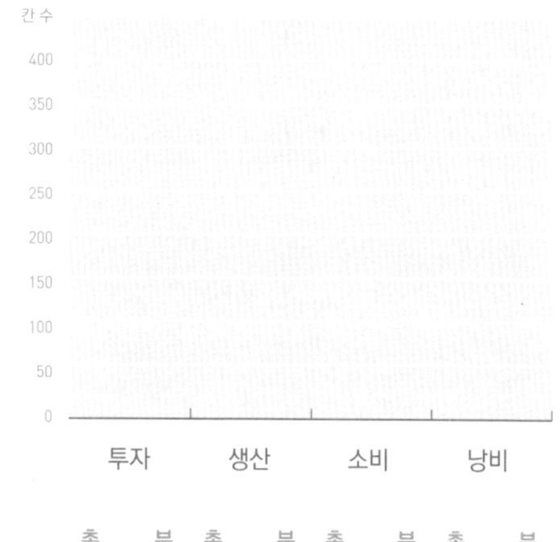

총 분 총 분 총 분 총 분

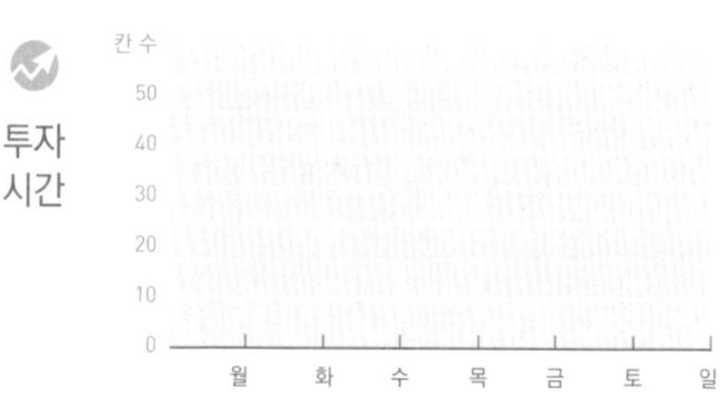

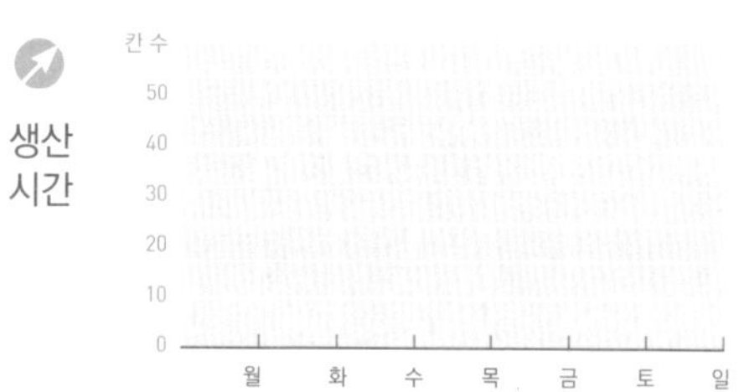

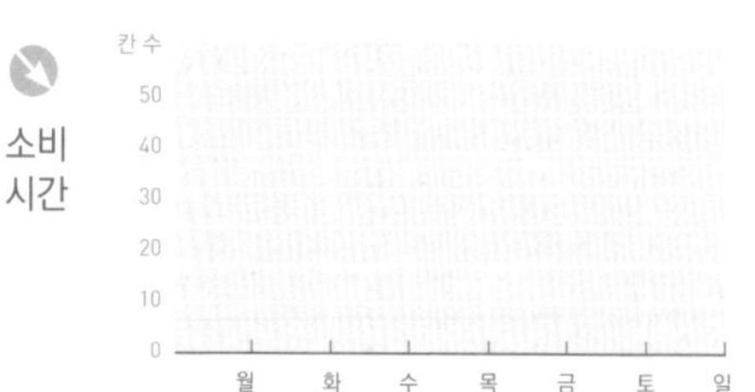

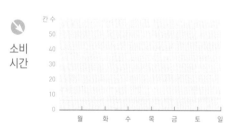

낭비
시간

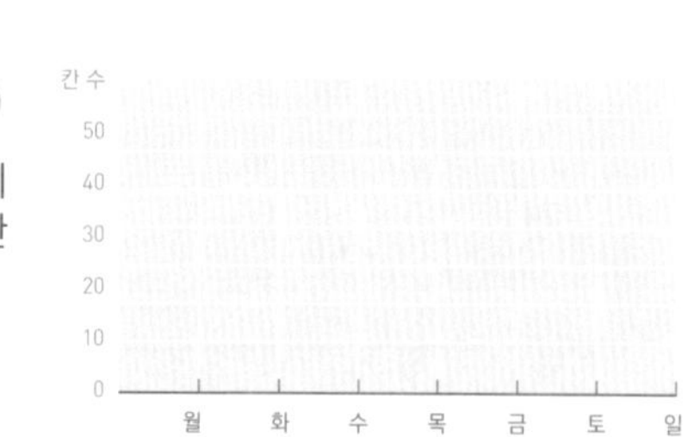

이번주 시간 사용 만족도

4 주차

시간가계부

매일의 활동을 객관적으로 평가하는 습관이 필요합니다.
하루가 끝날 때 자신의 시간 사용에 대해 평가하면,
다음 날 더 나은 선택을 할 수 있습니다.

주간 시간 계획

이번주 나의 목표

5가지 요소	역할	목표	루틴	가치	습관
나의 요소					
요소에 따른 목표					

이번주 이루고 싶은 일

시간	월	화	수	목	금	토	일

나의 주요 활동 시간을 시간 칸에 작성하고 15시간을 정리해서 일상의 생산성을 효과적으로 상승시키세요.

시간	활동기록	활동 유형										활동 평가			
		1	2	3	4	5	6	7	8	9	10	투자	생산	소비	낭비

월 일 요일 22nd day

우선순위

1

2

3

No.	활동 유형	칸
1	생활	
2	일	
3	자기계발	
4	건강	
5	관계	
6		
7		
8		
9		
10		

1~5번 유형은 필수 유형이에요.
6~10번 유형은 나에게 맞게 정해보세요.
꼭 10번 까지 정하지 않아도 괜찮아요.

타임머니 결산

투자	칸	분
생산	칸	분
소비	칸	분
낭비	칸	분

1칸은 15분이에요.
칸수X15를 하면 총 사용한 분을 알 수 있어요.

오늘 하루는 얼마나 만족하는지 생각해보세요.

오늘의 한마디

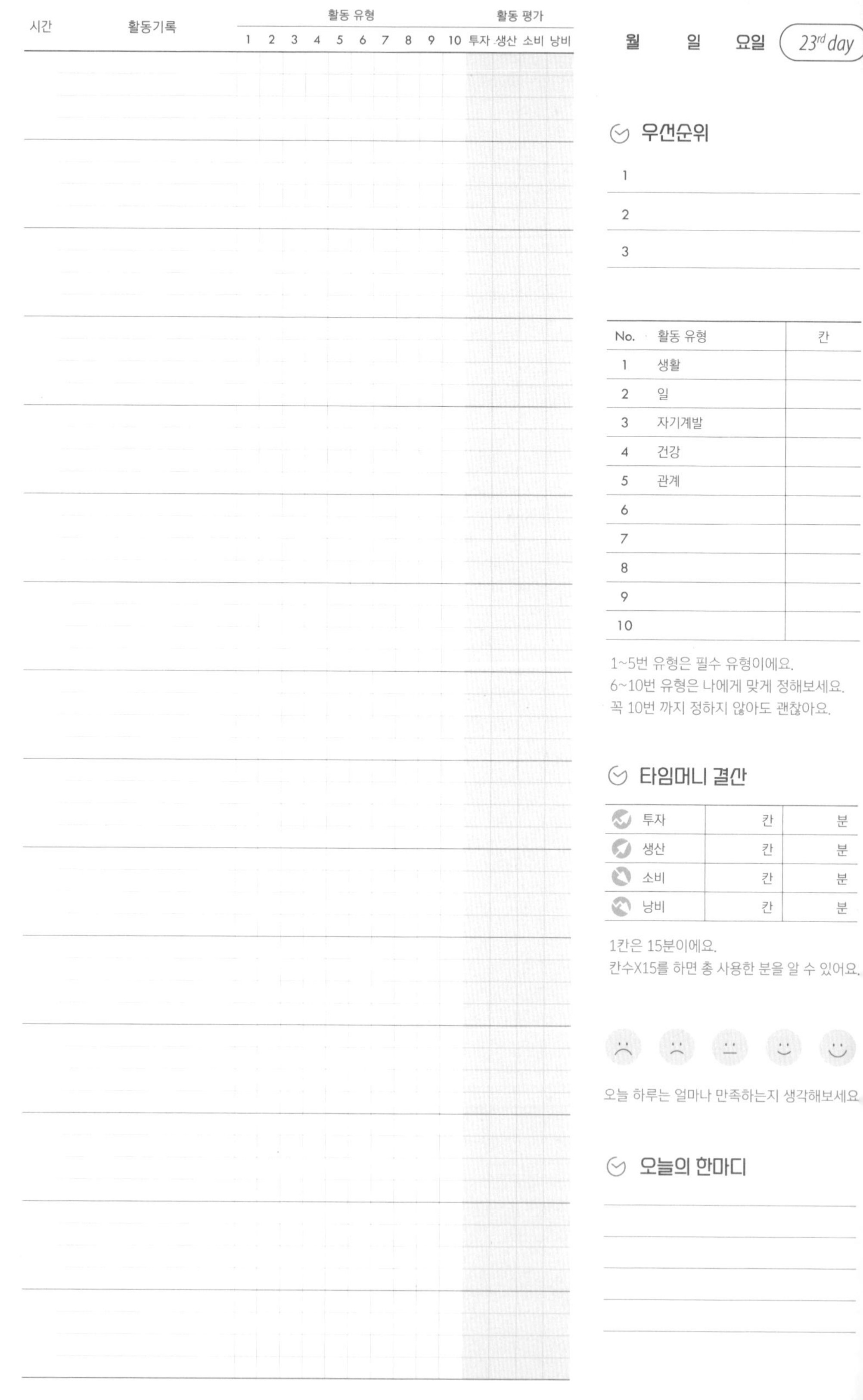

시간	활동기록	1	2	3	4	5	6	7	8	9	10	투자	생산	소비	낭비

월 일 요일 23rd day

우선순위

1

2

3

No.	활동 유형	칸
1	생활	
2	일	
3	자기계발	
4	건강	
5	관계	
6		
7		
8		
9		
10		

1~5번 유형은 필수 유형이에요.
6~10번 유형은 나에게 맞게 정해보세요.
꼭 10번 까지 정하지 않아도 괜찮아요.

타임머니 결산

투자	칸	분
생산	칸	분
소비	칸	분
낭비	칸	분

1칸은 15분이에요.
칸수X15를 하면 총 사용한 분을 알 수 있어요.

오늘 하루는 얼마나 만족하는지 생각해보세요.

오늘의 한마디

시간	활동기록	활동 유형										활동 평가			
		1	2	3	4	5	6	7	8	9	10	투자	생산	소비	낭비

월 일 요일 (24th day)

우선순위

1

2

3

No.	활동 유형	칸
1	생활	
2	일	
3	자기계발	
4	건강	
5	관계	
6		
7		
8		
9		
10		

1~5번 유형은 필수 유형이에요.
6~10번 유형은 나에게 맞게 정해보세요.
꼭 10번 까지 정하지 않아도 괜찮아요.

타임머니 결산

투자	칸	분
생산	칸	분
소비	칸	분
낭비	칸	분

1칸은 15분이에요.
칸수X15를 하면 총 사용한 분을 알 수 있어요.

오늘 하루는 얼마나 만족하는지 생각해보세요.

오늘의 한마디

시간	활동기록	활동 유형 1	2	3	4	5	6	7	8	9	10	활동 평가 투자	생산	소비	낭비

월 일 요일 25th day

우선순위

1

2

3

No.	활동 유형	칸
1	생활	
2	일	
3	자기계발	
4	건강	
5	관계	
6		
7		
8		
9		
10		

1~5번 유형은 필수 유형이에요.
6~10번 유형은 나에게 맞게 정해보세요.
꼭 10번 까지 정하지 않아도 괜찮아요.

타임머니 결산

투자	칸	분
생산	칸	분
소비	칸	분
낭비	칸	분

1칸은 15분이에요.
칸수X15를 하면 총 사용한 분을 알 수 있어요.

오늘 하루는 얼마나 만족하는지 생각해보세요.

오늘의 한마디

시간	활동기록	활동 유형										활동 평가			
		1	2	3	4	5	6	7	8	9	10	투자	생산	소비	낭비

월 일 요일 26th day

우선순위

1

2

3

No.	활동 유형	칸
1	생활	
2	일	
3	자기계발	
4	건강	
5	관계	
6		
7		
8		
9		
10		

1~5번 유형은 필수 유형이에요.
6~10번 유형은 나에게 맞게 정해보세요.
꼭 10번 까지 정하지 않아도 괜찮아요.

타임머니 결산

투자	칸	분
생산	칸	분
소비	칸	분
낭비	칸	분

1칸은 15분이에요.
칸수X15를 하면 총 사용한 분을 알 수 있어요.

오늘 하루는 얼마나 만족하는지 생각해보세요.

오늘의 한마디

시간	활동기록	활동 유형										활동 평가			
		1	2	3	4	5	6	7	8	9	10	투자	생산	소비	낭비

월 일 요일 27th day

우선순위

1

2

3

No.	활동 유형	칸
1	생활	
2	일	
3	자기계발	
4	건강	
5	관계	
6		
7		
8		
9		
10		

1~5번 유형은 필수 유형이에요.
6~10번 유형은 나에게 맞게 정해보세요.
꼭 10번 까지 정하지 않아도 괜찮아요.

타임머니 결산

투자	칸	분
생산	칸	분
소비	칸	분
낭비	칸	분

1칸은 15분이에요.
칸수X15를 하면 총 사용한 분을 알 수 있어요.

오늘 하루는 얼마나 만족하는지 생각해보세요.

오늘의 한마디

시간	활동기록	활동 유형										활동 평가			
		1	2	3	4	5	6	7	8	9	10	투자	생산	소비	낭비

월 일 요일 28th day

우선순위

1

2

3

No.	활동 유형	칸
1	생활	
2	일	
3	자기계발	
4	건강	
5	관계	
6		
7		
8		
9		
10		

1~5번 유형은 필수 유형이에요.
6~10번 유형은 나에게 맞게 정해보세요.
꼭 10번 까지 정하지 않아도 괜찮아요.

타임머니 결산

투자	칸	분
생산	칸	분
소비	칸	분
낭비	칸	분

1칸은 15분이에요.
칸수X15를 하면 총 사용한 분을 알 수 있어요.

오늘 하루는 얼마나 만족하는지 생각해보세요.

오늘의 한마디

이번주 피드백

계획한 일을 우선순위대로 잘 실행했나요?

투자와 생산의 시간을 충분히 가졌나요?

낭비되는 시간을 줄이려고 노력했나요?

이번주 시간 통계

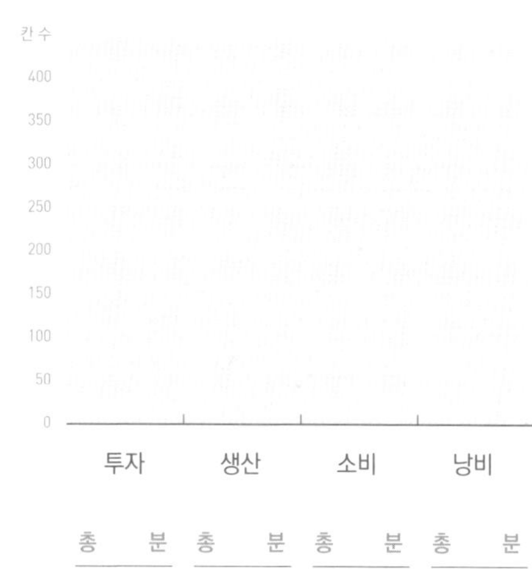

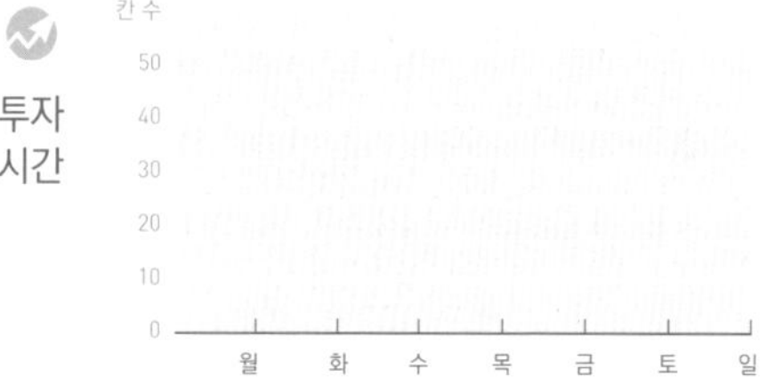

생산 시간

칸 수 50 40 30 20 10 0

월 화 수 목 금 토 일

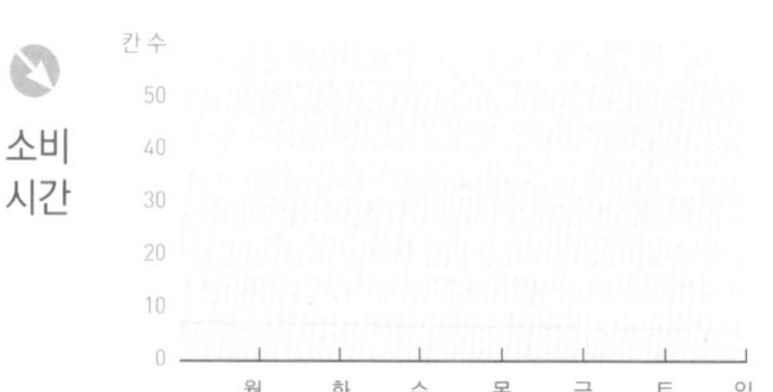

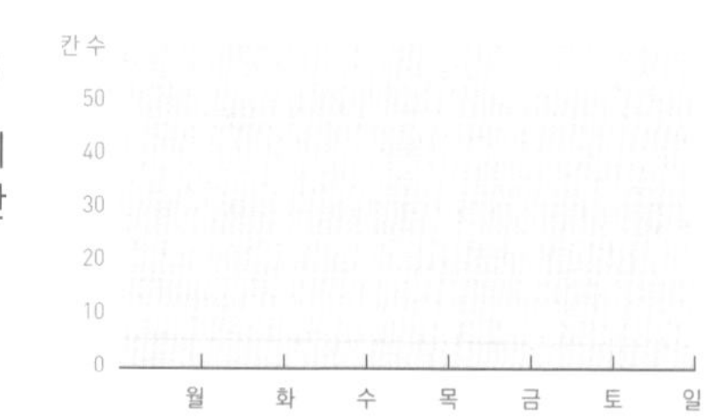

이번주 시간 사용 만족도

5주차

시간가계부

작은 시간 낭비도 모이면 큰 시간이 됩니다.
짧은 시간이라도 SNS나 불필요한 활동을 줄이면
더 유용한 일에 투자할 시간이 늘어납니다.

주간 시간 계획

이번주 나의 목표

5가지 요소	역할	목표	루틴	가치	습관
나의 요소					
요소에 따른 목표					

이번주 이루고 싶은 일

시간	월	화	수	목	금	토	일

나의 주요 활동 시간을 시간 칸에 작성하고 15시간을 정리해서 일상의 생산성을 효과적으로 상승시키세요.

시간	활동기록	활동 유형 1	2	3	4	5	6	7	8	9	10	활동 평가 투자	생산	소비	낭비

월 일 요일 *29th day*

우선순위

1

2

3

No.	활동 유형	칸
1	생활	
2	일	
3	자기계발	
4	건강	
5	관계	
6		
7		
8		
9		
10		

1~5번 유형은 필수 유형이에요.
6~10번 유형은 나에게 맞게 정해보세요.
꼭 10번 까지 정하지 않아도 괜찮아요.

타임머니 결산

투자	칸	분
생산	칸	분
소비	칸	분
낭비	칸	분

1칸은 15분이에요.
칸수X15를 하면 총 사용한 분을 알 수 있어요.

오늘 하루는 얼마나 만족하는지 생각해보세요.

오늘의 한마디

시간	활동기록	활동 유형 1	2	3	4	5	6	7	8	9	10	활동 평가 투자	생산	소비	낭비

월 일 요일 *30th day*

우선순위

1

2

3

No.	활동 유형	칸
1	생활	
2	일	
3	자기계발	
4	건강	
5	관계	
6		
7		
8		
9		
10		

1~5번 유형은 필수 유형이에요.
6~10번 유형은 나에게 맞게 정해보세요.
꼭 10번 까지 정하지 않아도 괜찮아요.

타임머니 결산

투자	칸	분
생산	칸	분
소비	칸	분
낭비	칸	분

1칸은 15분이에요.
칸수X15를 하면 총 사용한 분을 알 수 있어요.

오늘 하루는 얼마나 만족하는지 생각해보세요.

오늘의 한마디

시간	활동기록	활동 유형 1	2	3	4	5	6	7	8	9	10	활동 평가 투자	생산	소비	낭비

월 일 요일 31st day

우선순위

1 .

2

3

No.	활동 유형	칸
1	생활	
2	일	
3	자기계발	
4	건강	
5	관계	
6		
7		
8		
9		
10		

1~5번 유형은 필수 유형이에요.
6~10번 유형은 나에게 맞게 정해보세요.
꼭 10번 까지 정하지 않아도 괜찮아요.

타임머니 결산

투자	칸	분
생산	칸	분
소비	칸	분
낭비	칸	분

1칸은 15분이에요.
칸수X15를 하면 총 사용한 분을 알 수 있어요.

오늘 하루는 얼마나 만족하는지 생각해보세요.

오늘의 한마디

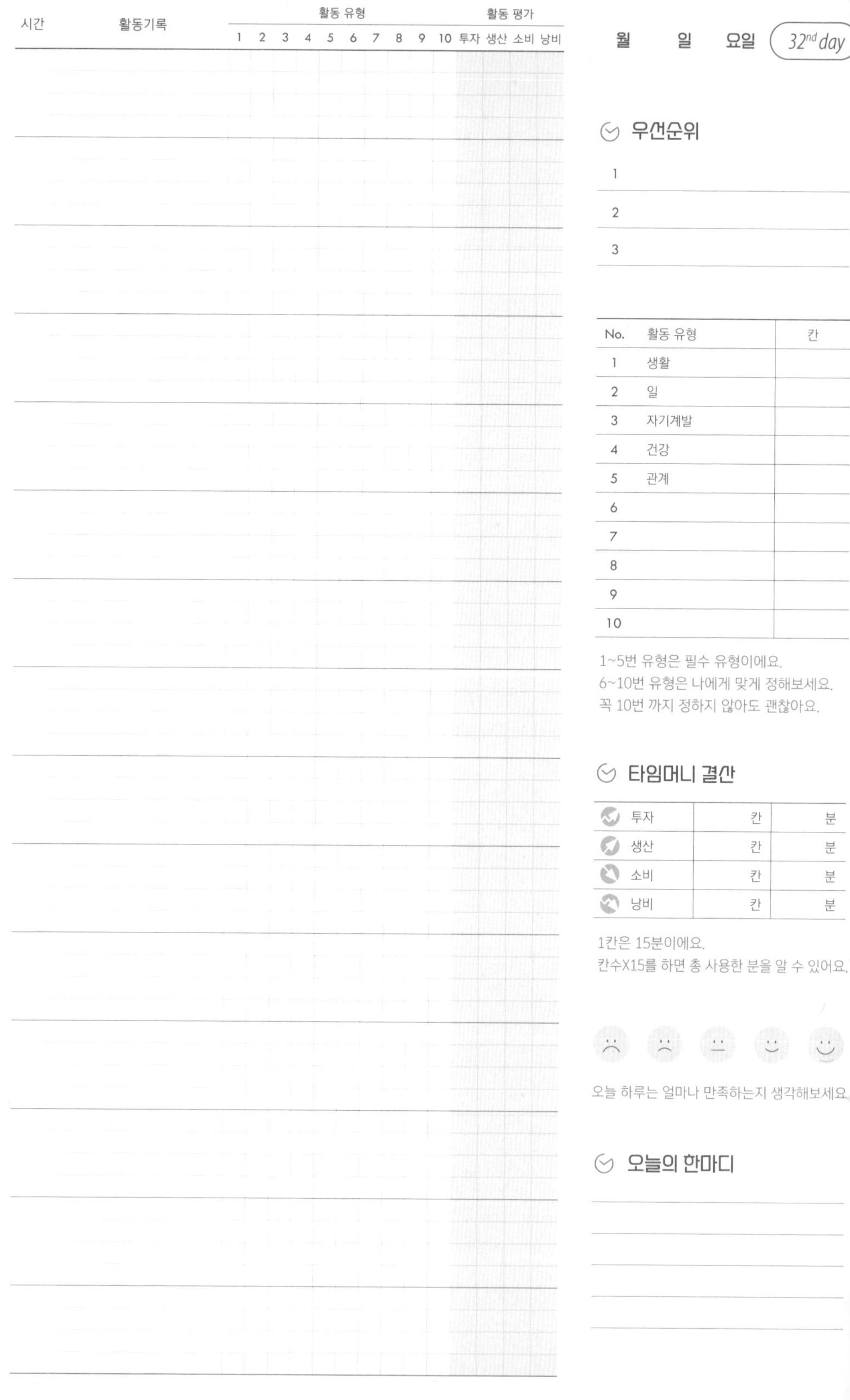

시간	활동기록	활동 유형										활동 평가			
		1	2	3	4	5	6	7	8	9	10	투자	생산	소비	낭비

월 일 요일 *32nd day*

우선순위

1

2

3

No.	활동 유형	칸
1	생활	
2	일	
3	자기계발	
4	건강	
5	관계	
6		
7		
8		
9		
10		

1~5번 유형은 필수 유형이에요.
6~10번 유형은 나에게 맞게 정해보세요.
꼭 10번 까지 정하지 않아도 괜찮아요.

타임머니 결산

투자	칸	분
생산	칸	분
소비	칸	분
낭비	칸	분

1칸은 15분이에요.
칸수X15를 하면 총 사용한 분을 알 수 있어요.

오늘 하루는 얼마나 만족하는지 생각해보세요.

오늘의 한마디

시간	활동기록	활동 유형										활동 평가			
		1	2	3	4	5	6	7	8	9	10	투자	생산	소비	낭비

월 일 요일 33rd day

우선순위

1

2

3

No.	활동 유형	칸
1	생활	
2	일	
3	자기계발	
4	건강	
5	관계	
6		
7		
8		
9		
10		

1~5번 유형은 필수 유형이에요.
6~10번 유형은 나에게 맞게 정해보세요.
꼭 10번 까지 정하지 않아도 괜찮아요.

타임머니 결산

투자	칸	분
생산	칸	분
소비	칸	분
낭비	칸	분

1칸은 15분이에요.
칸수X15를 하면 총 사용한 분을 알 수 있어요.

오늘 하루는 얼마나 만족하는지 생각해보세요.

오늘의 한마디

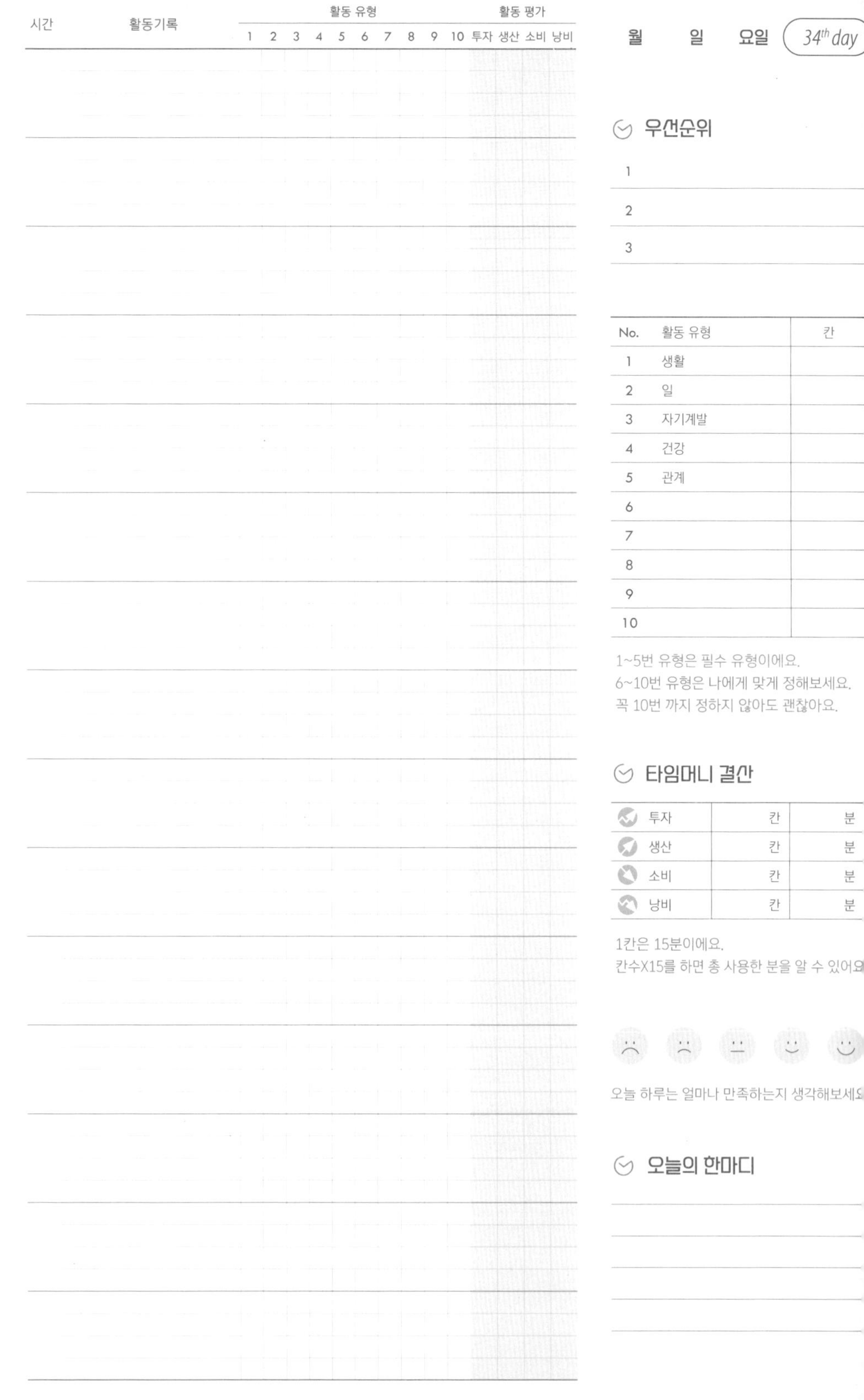

시간	활동기록	활동 유형										활동 평가			
		1	2	3	4	5	6	7	8	9	10	투자	생산	소비	낭비

월 일 요일 34th day

우선순위

1
2
3

No.	활동 유형	칸
1	생활	
2	일	
3	자기계발	
4	건강	
5	관계	
6		
7		
8		
9		
10		

1~5번 유형은 필수 유형이에요.
6~10번 유형은 나에게 맞게 정해보세요.
꼭 10번 까지 정하지 않아도 괜찮아요.

타임머니 결산

투자	칸	분
생산	칸	분
소비	칸	분
낭비	칸	분

1칸은 15분이에요.
칸수X15를 하면 총 사용한 분을 알 수 있어요

오늘 하루는 얼마나 만족하는지 생각해보세요

오늘의 한마디

시간	활동기록	활동 유형 1	2	3	4	5	6	7	8	9	10	활동 평가 투자	생산	소비	낭비

월 일 요일 35th day

우선순위

1

2

3

No.	활동 유형	칸
1	생활	
2	일	
3	자기계발	
4	건강	
5	관계	
6		
7		
8		
9		
10		

1~5번 유형은 필수 유형이에요.
6~10번 유형은 나에게 맞게 정해보세요.
꼭 10번 까지 정하지 않아도 괜찮아요.

타임머니 결산

투자	칸	분
생산	칸	분
소비	칸	분
낭비	칸	분

1칸은 15분이에요.
칸수X15를 하면 총 사용한 분을 알 수 있어요.

오늘 하루는 얼마나 만족하는지 생각해보세요.

오늘의 한마디

이번주 피드백

계획한 일을 우선순위대로 잘 실행했나요?

투자와 생산의 시간을 충분히 가졌나요?

낭비되는 시간을 줄이려고 노력했나요?

이번주 시간 통계

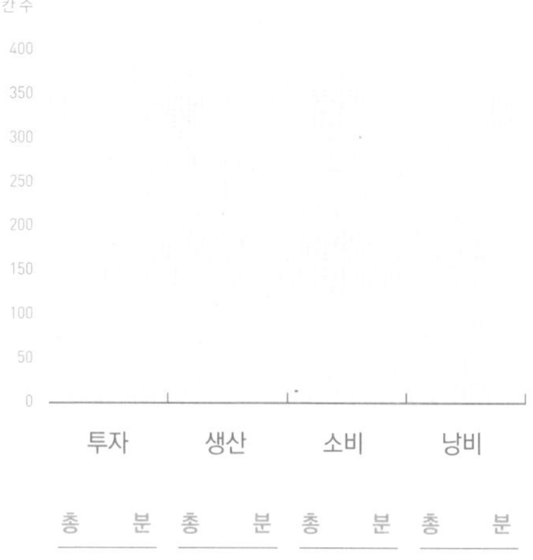

총 분 총 분 총 분 총 분

투자 시간

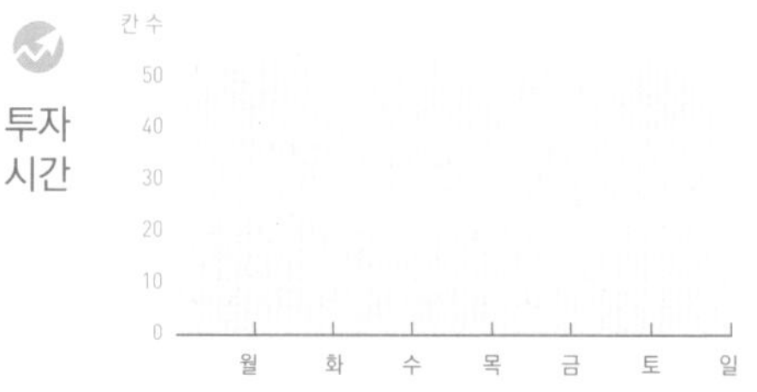

생산 시간

소비 시간

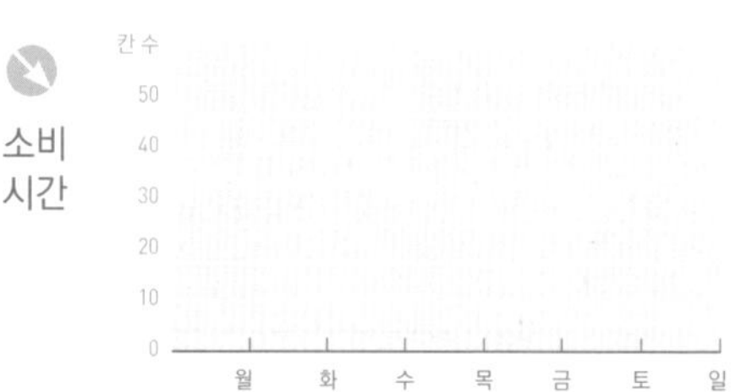

낭비 시간

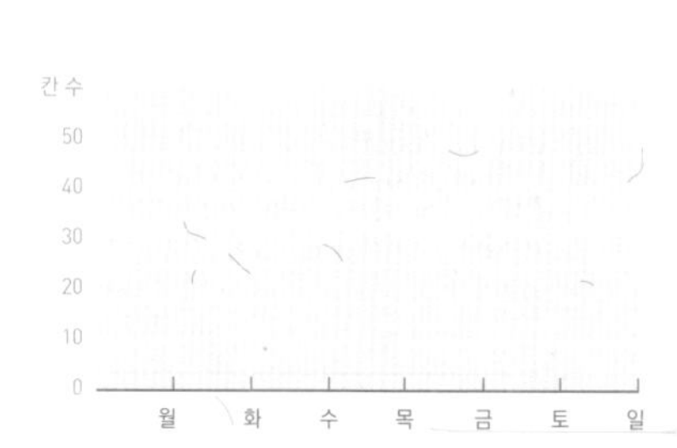

이번주 시간 사용 만족도

6주차

시간가계부

스스로의 감정 상태를 확인하고 것은 중요합니다.
기분이 좋은 날과 나쁜 날의 시간 사용 패턴을 파악하면,
더 효율적인 시간 정리가 가능합니다.

주간 시간 계획

이번주 나의 목표

5가지 요소	역할	목표	루틴	가치	습관
나의 요소					

요소에 따른 목표

이번주 이루고 싶은 일

시간	월	화	수	목	금	토	일

나의 주요 활동 시간을 시간 칸에 작성하고 15시간을 정리해서 일상의 생산성을 효과적으로 상승시키세요.

시간	활동기록	1	2	3	4	5	6	7	8	9	10	투자	생산	소비	낭비

(활동 유형: 1–10 / 활동 평가: 투자, 생산, 소비, 낭비)

월 일 요일 *36th day*

우선순위

1

2

3

No.	활동 유형	칸
1	생활	
2	일	
3	자기계발	
4	건강	
5	관계	
6		
7		
8		
9		
10		

1~5번 유형은 필수 유형이에요.
6~10번 유형은 나에게 맞게 정해보세요.
꼭 10번 까지 정하지 않아도 괜찮아요.

타임머니 결산

투자	칸	분
생산	칸	분
소비	칸	분
낭비	칸	분

1칸은 15분이에요.
칸수X15를 하면 총 사용한 분을 알 수 있어요.

오늘 하루는 얼마나 만족하는지 생각해보세요.

오늘의 한마디

시간	활동기록	활동 유형										활동 평가			
		1	2	3	4	5	6	7	8	9	10	투자	생산	소비	낭비

월 일 요일 37th day

우선순위

1

2

3

No.	활동 유형	칸
1	생활	
2	일	
3	자기계발	
4	건강	
5	관계	
6		
7		
8		
9		
10		

1~5번 유형은 필수 유형이에요.
6~10번 유형은 나에게 맞게 정해보세요.
꼭 10번 까지 정하지 않아도 괜찮아요.

타임머니 결산

투자	칸	분
생산	칸	분
소비	칸	분
낭비	칸	분

1칸은 15분이에요.
칸수X15를 하면 총 사용한 분을 알 수 있어요.

오늘 하루는 얼마나 만족하는지 생각해보세요.

오늘의 한마디

시간	활동기록	활동 유형										활동 평가			
		1	2	3	4	5	6	7	8	9	10	투자	생산	소비	낭비

월 일 요일 38th day

우선순위

1

2

3

No.	활동 유형	칸
1	생활	
2	일	
3	자기계발	
4	건강	
5	관계	
6		
7		
8		
9		
10		

1~5번 유형은 필수 유형이에요.
6~10번 유형은 나에게 맞게 정해보세요.
꼭 10번 까지 정하지 않아도 괜찮아요.

타임머니 결산

투자	칸	분
생산	칸	분
소비	칸	분
낭비	칸	분

1칸은 15분이에요.
칸수X15를 하면 총 사용한 분을 알 수 있어요.

오늘 하루는 얼마나 만족하는지 생각해보세요.

오늘의 한마디

시간	활동기록	1	2	3	4	5	6	7	8	9	10	투자	생산	소비	낭비

월 일 요일 39th day

우선순위

1

2

3

No.	활동 유형	칸
1	생활	
2	일	
3	자기계발	
4	건강	
5	관계	
6		
7		
8		
9		
10		

1~5번 유형은 필수 유형이에요.
6~10번 유형은 나에게 맞게 정해보세요.
꼭 10번 까지 정하지 않아도 괜찮아요.

타임머니 결산

투자	칸	분
생산	칸	분
소비	칸	분
낭비	칸	분

1칸은 15분이에요.
칸수X15를 하면 총 사용한 분을 알 수 있어요.

오늘 하루는 얼마나 만족하는지 생각해보세요.

오늘의 한마디

시간	활동기록	활동 유형										활동 평가			
		1	2	3	4	5	6	7	8	9	10	투자	생산	소비	낭비

월 일 요일 40th day

우선순위

1

2

3

No.	활동 유형	칸
1	생활	
2	일	
3	자기계발	
4	건강	
5	관계	
6		
7		
8		
9		
10		

1~5번 유형은 필수 유형이에요.
6~10번 유형은 나에게 맞게 정해보세요.
꼭 10번 까지 정하지 않아도 괜찮아요.

타임머니 결산

투자	칸	분
생산	칸	분
소비	칸	분
낭비	칸	분

1칸은 15분이에요.
칸수X15를 하면 총 사용한 분을 알 수 있어요.

오늘 하루는 얼마나 만족하는지 생각해보세요.

오늘의 한마디

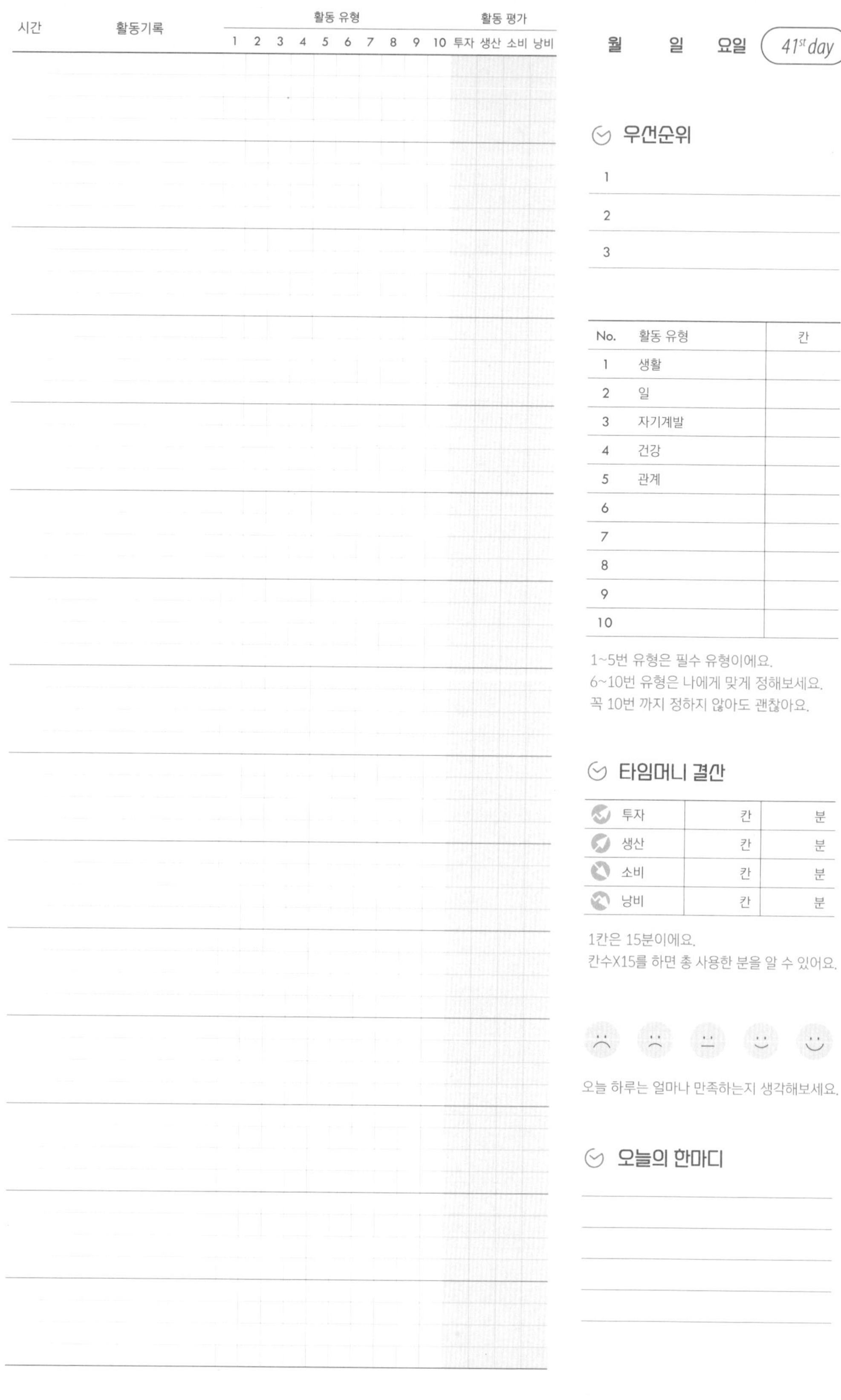

시간	활동기록	1	2	3	4	5	6	7	8	9	10	투자	생산	소비	낭비

월 일 요일 41st day

우선순위

1

2

3

No.	활동 유형	칸
1	생활	
2	일	
3	자기계발	
4	건강	
5	관계	
6		
7		
8		
9		
10		

1~5번 유형은 필수 유형이에요.
6~10번 유형은 나에게 맞게 정해보세요.
꼭 10번 까지 정하지 않아도 괜찮아요.

타임머니 결산

투자	칸	분
생산	칸	분
소비	칸	분
낭비	칸	분

1칸은 15분이에요.
칸수X15를 하면 총 사용한 분을 알 수 있어요.

오늘 하루는 얼마나 만족하는지 생각해보세요.

오늘의 한마디

시간	활동기록	1	2	3	4	5	6	7	8	9	10	투자	생산	소비	낭비
		활동 유형										활동 평가			

월 일 요일 42nd day

우선순위

1

2

3

No.	활동 유형	칸
1	생활	
2	일	
3	자기계발	
4	건강	
5	관계	
6		
7		
8		
9		
10		

1~5번 유형은 필수 유형이에요.
6~10번 유형은 나에게 맞게 정해보세요.
꼭 10번 까지 정하지 않아도 괜찮아요.

타임머니 결산

투자	칸	분
생산	칸	분
소비	칸	분
낭비	칸	분

1칸은 15분이에요.
칸수X15를 하면 총 사용한 분을 알 수 있어요.

오늘 하루는 얼마나 만족하는지 생각해보세요.

오늘의 한마디

이번주 피드백

계획한 일을 우선순위대로 잘 실행했나요?

투자와 생산의 시간을 충분히 가졌나요?

낭비되는 시간을 줄이려고 노력했나요?

이번주 시간 통계

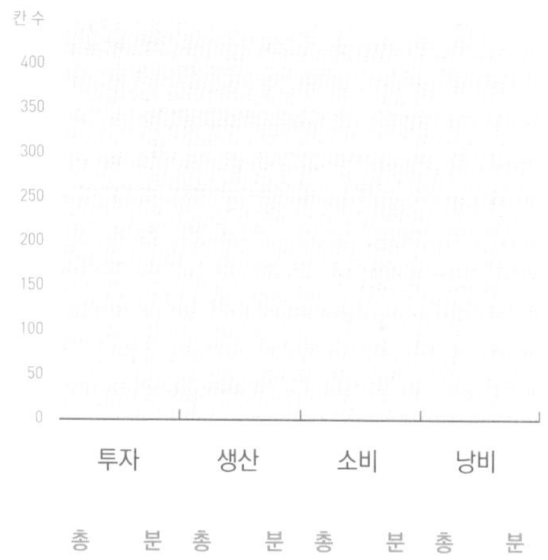

총 분 총 분 총 분 총 분

투자 시간

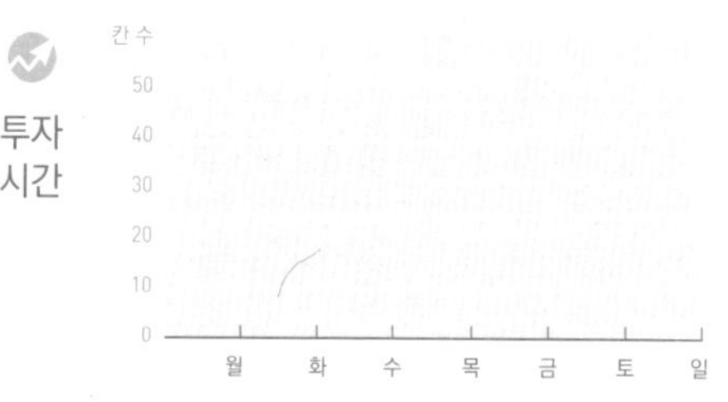

생산 시간

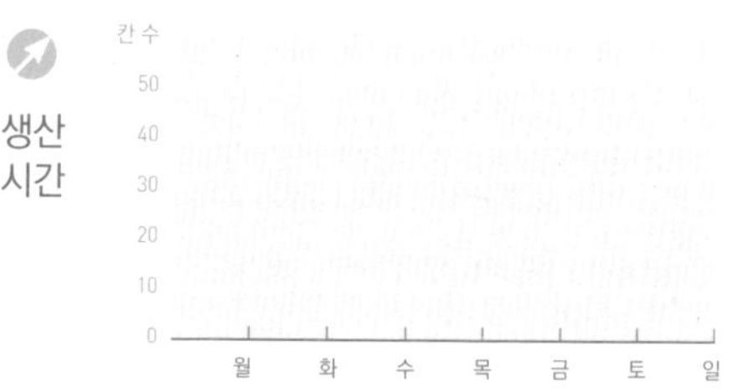

소비 시간

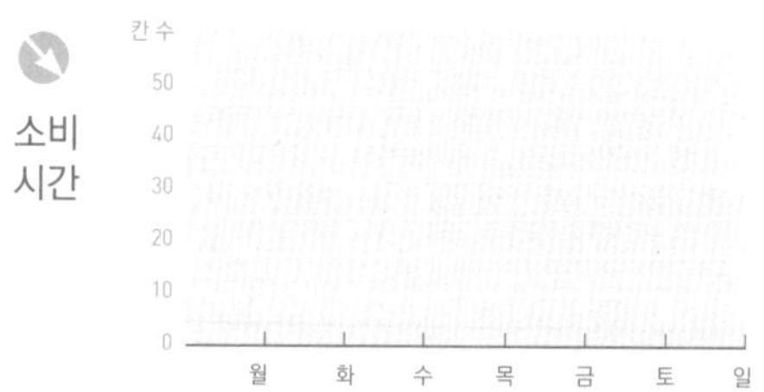

낭비 시간

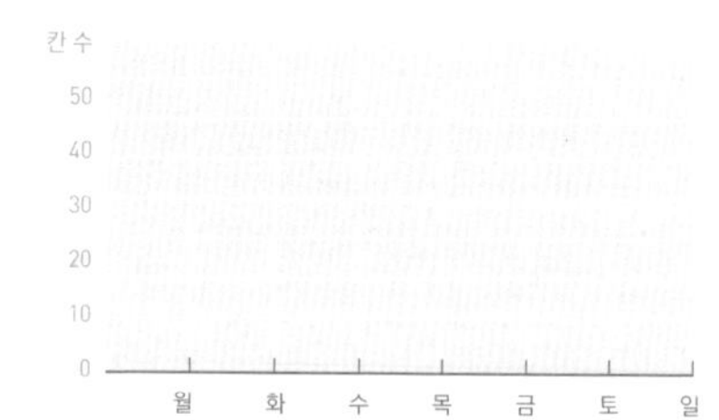

이번주 시간 사용 만족도

7 주차

시간가계부

목표를 설정하고, 목표에 맞는 시간을 배분해야 합니다.
해야 할 일을 선택할 때 명확한 목표가 없는 시간 사용은
낭비로 이어질 수 있으므로,
목표를 구체화하여 시간을 활용하는 것이 좋습니다.

주간 시간 계획

이번주 나의 목표

5가지 요소	역할	목표	루틴	가치	습관
나의 요소					

요소에 따른 목표

이번주 이루고 싶은 일

시간	월	화	수	목	금	토	일

나의 주요 활동 시간을 시간 칸에 작성하고 15시간을 정리해서 일상의 생산성을 효과적으로 상승시키세요.

시간	활동기록	활동 유형										활동 평가			
		1	2	3	4	5	6	7	8	9	10	투자	생산	소비	낭비

월 일 요일 *43rd day*

우선순위

1

2

3

No.	활동 유형	칸
1	생활	
2	일	
3	자기계발	
4	건강	
5	관계	
6		
7		
8		
9		
10		

1~5번 유형은 필수 유형이에요.
6~10번 유형은 나에게 맞게 정해보세요.
꼭 10번 까지 정하지 않아도 괜찮아요.

타임머니 결산

투자	칸	분
생산	칸	분
소비	칸	분
낭비	칸	분

1칸은 15분이에요.
칸수X15를 하면 총 사용한 분을 알 수 있어요.

오늘 하루는 얼마나 만족하는지 생각해보세요.

오늘의 한마디

시간	활동기록	활동 유형										활동 평가			
		1	2	3	4	5	6	7	8	9	10	투자	생산	소비	낭비

월 일 요일 44th day

우선순위

1

2

3

No.	활동 유형	칸
1	생활	
2	일	
3	자기계발	
4	건강	
5	관계	
6		
7		
8		
9		
10		

1~5번 유형은 필수 유형이에요.
6~10번 유형은 나에게 맞게 정해보세요.
꼭 10번 까지 정하지 않아도 괜찮아요.

타임머니 결산

	칸	분
투자	칸	분
생산	칸	분
소비	칸	분
낭비	칸	분

1칸은 15분이에요.
칸수X15를 하면 총 사용한 분을 알 수 있어요.

오늘 하루는 얼마나 만족하는지 생각해보세요.

오늘의 한마디

시간	활동기록	활동 유형 1	2	3	4	5	6	7	8	9	10	활동 평가 투자	생산	소비	낭비

월 일 요일 45th day

우선순위

1
2
3

No.	활동 유형	칸
1	생활	
2	일	
3	자기계발	
4	건강	
5	관계	
6		
7		
8		
9		
10		

1~5번 유형은 필수 유형이에요.
6~10번 유형은 나에게 맞게 정해보세요.
꼭 10번 까지 정하지 않아도 괜찮아요.

타임머니 결산

투자	칸	분
생산	칸	분
소비	칸	분
낭비	칸	분

1칸은 15분이에요.
칸수X15를 하면 총 사용한 분을 알 수 있어요.

오늘 하루는 얼마나 만족하는지 생각해보세요.

오늘의 한마디

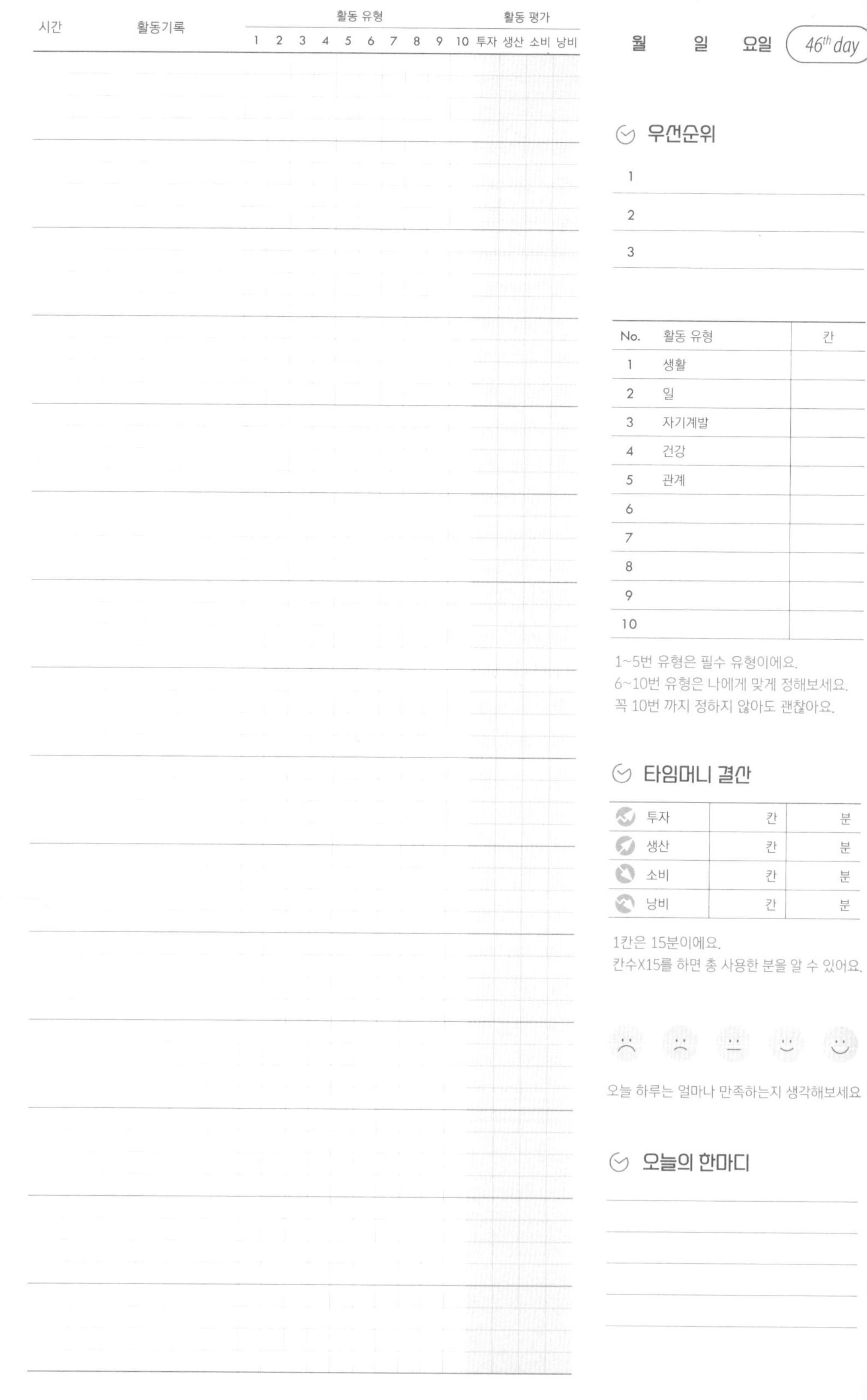

시간	활동기록	활동 유형										활동 평가			
		1	2	3	4	5	6	7	8	9	10	투자	생산	소비	낭비

월 일 요일 46th day

우선순위

1

2

3

No.	활동 유형	칸
1	생활	
2	일	
3	자기계발	
4	건강	
5	관계	
6		
7		
8		
9		
10		

1~5번 유형은 필수 유형이에요.
6~10번 유형은 나에게 맞게 정해보세요.
꼭 10번 까지 정하지 않아도 괜찮아요.

타임머니 결산

투자	칸	분
생산	칸	분
소비	칸	분
낭비	칸	분

1칸은 15분이에요.
칸수X15를 하면 총 사용한 분을 알 수 있어요.

오늘 하루는 얼마나 만족하는지 생각해보세요

오늘의 한마디

시간	활동기록	활동 유형 1	2	3	4	5	6	7	8	9	10	활동 평가 투자	생산	소비	낭비

월 일 요일 47th day

우선순위

1

2

3

No.	활동 유형	칸
1	생활	
2	일	
3	자기계발	
4	건강	
5	관계	
6		
7		
8		
9		
10		

1~5번 유형은 필수 유형이에요.
6~10번 유형은 나에게 맞게 정해보세요.
꼭 10번 까지 정하지 않아도 괜찮아요.

타임머니 결산

투자	칸	분
생산	칸	분
소비	칸	분
낭비	칸	분

1칸은 15분이에요.
칸수X15를 하면 총 사용한 분을 알 수 있어요.

오늘 하루는 얼마나 만족하는지 생각해보세요.

오늘의 한마디

시간	활동기록	활동 유형										활동 평가			
		1	2	3	4	5	6	7	8	9	10	투자	생산	소비	낭비

월 일 요일 48th day

우선순위

1

2

3

No.	활동 유형	칸
1	생활	
2	일	
3	자기계발	
4	건강	
5	관계	
6		
7		
8		
9		
10		

1~5번 유형은 필수 유형이에요.
6~10번 유형은 나에게 맞게 정해보세요.
꼭 10번 까지 정하지 않아도 괜찮아요.

타임머니 결산

투자	칸	분
생산	칸	분
소비	칸	분
낭비	칸	분

1칸은 15분이에요.
칸수X15를 하면 총 사용한 분을 알 수 있어요.

오늘 하루는 얼마나 만족하는지 생각해보세요.

오늘의 한마디

시간	활동기록	1	2	3	4	5	6	7	8	9	10	투자	생산	소비	낭비

(활동 유형: 1–10 / 활동 평가: 투자 생산 소비 낭비)

월 일 요일 *49th day*

우선순위

1

2

3

No.	활동 유형	칸
1	생활	
2	일	
3	자기계발	
4	건강	
5	관계	
6		
7		
8		
9		
10		

1~5번 유형은 필수 유형이에요.
6~10번 유형은 나에게 맞게 정해보세요.
꼭 10번 까지 정하지 않아도 괜찮아요.

타임머니 결산

투자	칸	분
생산	칸	분
소비	칸	분
낭비	칸	분

1칸은 15분이에요.
칸수X15를 하면 총 사용한 분을 알 수 있어요.

오늘 하루는 얼마나 만족하는지 생각해보세요.

오늘의 한마디

이번주 피드백

계획한 일을 우선순위대로 잘 실행했나요?

투자와 생산의 시간을 충분히 가졌나요?

낭비되는 시간을 줄이려고 노력했나요?

이번주 시간 통계

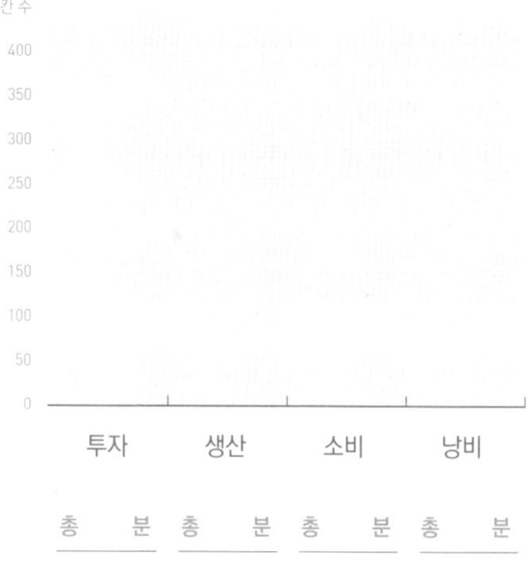

총 분 총 분 총 분 총 분

투자 시간

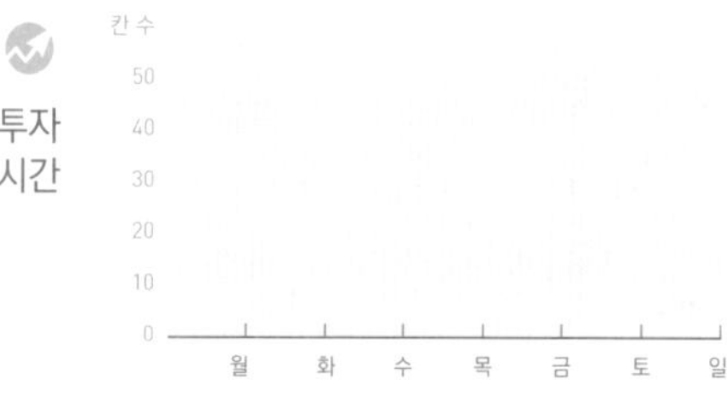

생산 시간

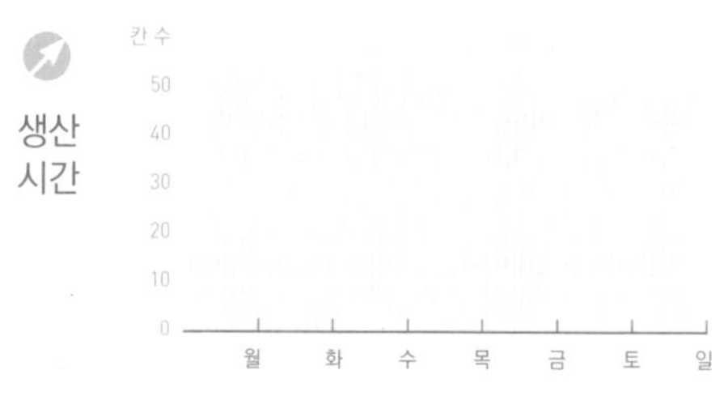

소비 시간

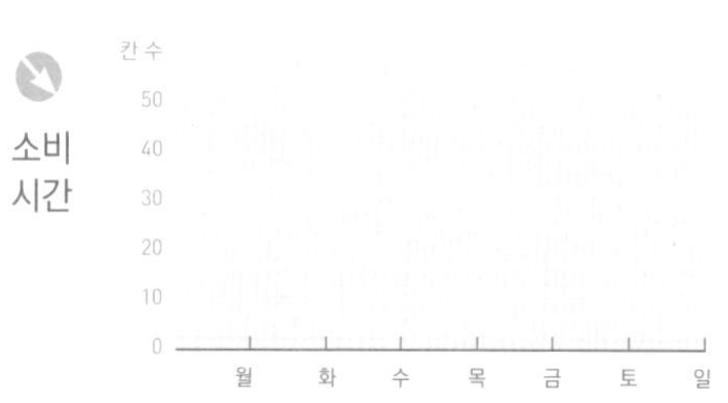

낭비 시간

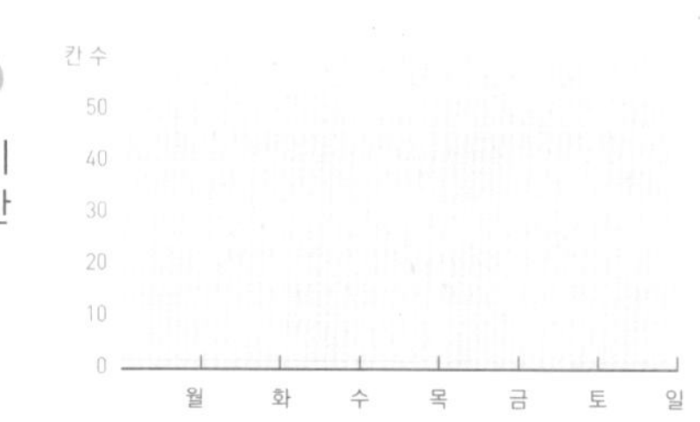

이번주 시간 사용 만족도

8 주차

시간가계부

휴식도 중요한 시간 투자입니다.
휴식 시간을 확보하지 않으면 피로가 쌓여
결국 생산성도 떨어지게 됩니다.

주간 시간 계획

이번주 나의 목표

5가지 요소	역할	목표	루틴	가치	습관
나의 요소					

요소에 따른 목표

이번주 이루고 싶은 일

시간	월	화	수	목	금	토	일

나의 주요 활동 시간을 시간 칸에 작성하고 15시간을 정리해서 일상의 생산성을 효과적으로 상승시키세요.

시간	활동기록	활동 유형										활동 평가			
		1	2	3	4	5	6	7	8	9	10	투자	생산	소비	낭비

월 일 요일 50th day

우선순위

1

2

3

No.	활동 유형	칸
1	생활	
2	일	
3	자기계발	
4	건강	
5	관계	
6		
7		
8		
9		
10		

1~5번 유형은 필수 유형이에요.
6~10번 유형은 나에게 맞게 정해보세요.
꼭 10번 까지 정하지 않아도 괜찮아요.

타임머니 결산

투자	칸	분
생산	칸	분
소비	칸	분
낭비	칸	분

1칸은 15분이에요.
칸수X15를 하면 총 사용한 분을 알 수 있어요.

오늘 하루는 얼마나 만족하는지 생각해보세요.

오늘의 한마디

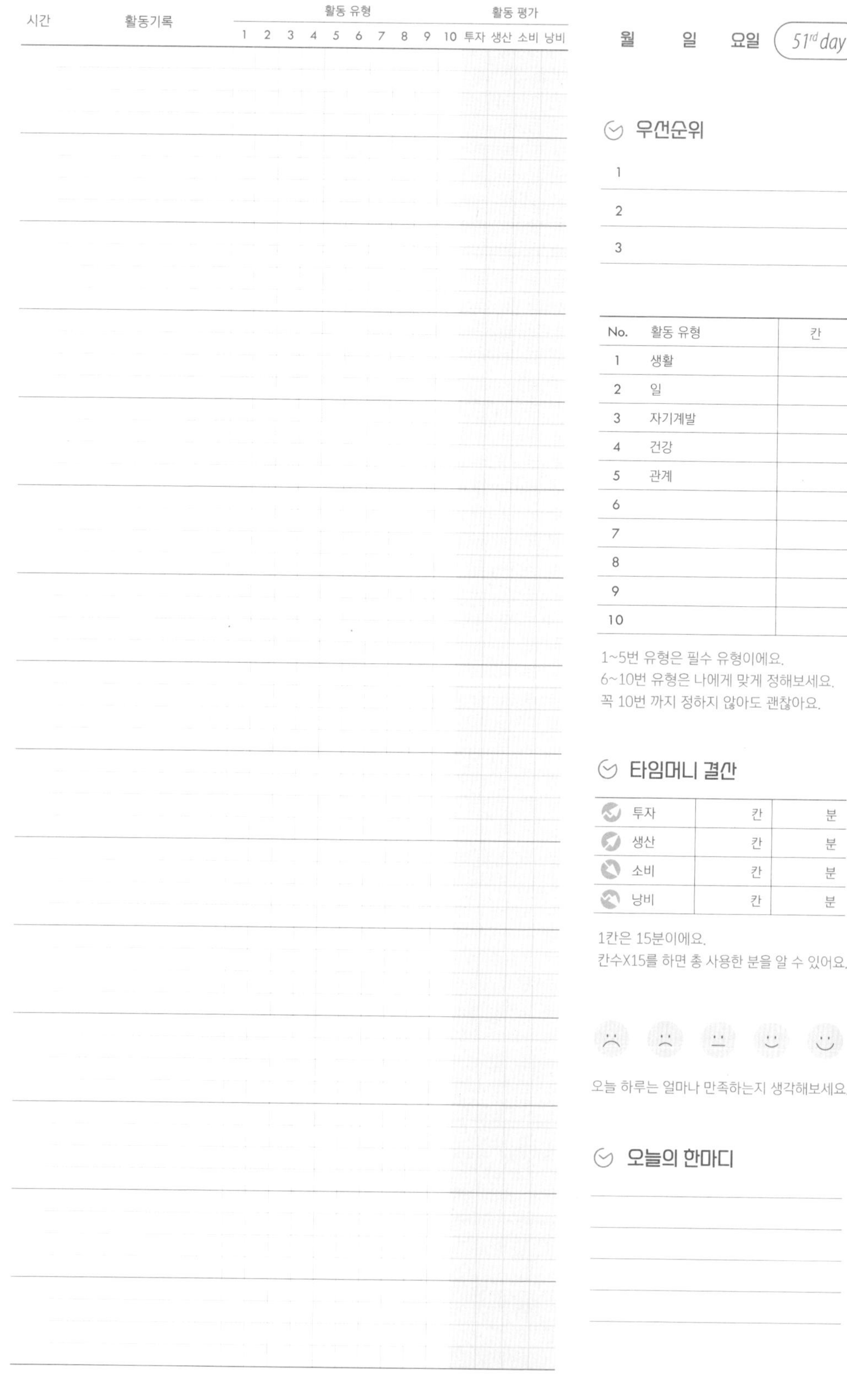
시간
활동기록
활동 유형
1 2 3 4 5 6 7 8 9 10
활동 평가
투자 생산 소비 낭비
월 일 요일
51rd day
우선순위
1
2
3
No.
활동 유형
칸
1 생활
2 일
3 자기계발
4 건강
5 관계
6
7
8
9
10
1~5번 유형은 필수 유형이에요.
6~10번 유형은 나에게 맞게 정해보세요.
꼭 10번 까지 정하지 않아도 괜찮아요.
타임머니 결산
투자 칸 분
생산 칸 분
소비 칸 분
낭비 칸 분
1칸은 15분이에요.
칸수X15를 하면 총 사용한 분을 알 수 있어요.
오늘 하루는 얼마나 만족하는지 생각해보세요.
오늘의 한마디

시간	활동기록	활동 유형 1	2	3	4	5	6	7	8	9	10	활동 평가 투자	생산	소비	낭비

월 일 요일 52nd day

우선순위

1

2

3

No.	활동 유형	칸
1	생활	
2	일	
3	자기계발	
4	건강	
5	관계	
6		
7		
8		
9		
10		

1~5번 유형은 필수 유형이에요.
6~10번 유형은 나에게 맞게 정해보세요.
꼭 10번 까지 정하지 않아도 괜찮아요.

타임머니 결산

투자	칸	분
생산	칸	분
소비	칸	분
낭비	칸	분

1칸은 15분이에요.
칸수X15를 하면 총 사용한 분을 알 수 있어요.

오늘 하루는 얼마나 만족하는지 생각해보세요.

오늘의 한마디

시간	활동기록	1	2	3	4	5	6	7	8	9	10	투자	생산	소비	낭비

(활동 유형: 1–10 / 활동 평가: 투자 생산 소비 낭비)

월 일 요일 53rd day

우선순위

1

2

3

No.	활동 유형	칸
1	생활	
2	일	
3	자기계발	
4	건강	
5	관계	
6		
7		
8		
9		
10		

1~5번 유형은 필수 유형이에요.
6~10번 유형은 나에게 맞게 정해보세요.
꼭 10번 까지 정하지 않아도 괜찮아요.

타임머니 결산

투자	칸	분
생산	칸	분
소비	칸	분
낭비	칸	분

1칸은 15분이에요.
칸수X15를 하면 총 사용한 분을 알 수 있어요.

오늘 하루는 얼마나 만족하는지 생각해보세요.

오늘의 한마디

시간	활동기록	활동 유형 1	2	3	4	5	6	7	8	9	10	활동 평가 투자	생산	소비	낭비

월 일 요일 54th day

우선순위

1

2

3

No.	활동 유형	칸
1	생활	
2	일	
3	자기계발	
4	건강	
5	관계	
6		
7		
8		
9		
10		

1~5번 유형은 필수 유형이에요.
6~10번 유형은 나에게 맞게 정해보세요.
꼭 10번 까지 정하지 않아도 괜찮아요.

타임머니 결산

투자	칸	분
생산	칸	분
소비	칸	분
낭비	칸	분

1칸은 15분이에요.
칸수X15를 하면 총 사용한 분을 알 수 있어요.

오늘 하루는 얼마나 만족하는지 생각해보세요.

오늘의 한마디

시간	활동기록	활동 유형 1	2	3	4	5	6	7	8	9	10	활동 평가 투자	생산	소비	낭비

월 일 요일 55th day

우선순위

1

2

3

No.	활동 유형	칸
1	생활	
2	일	
3	자기계발	
4	건강	
5	관계	
6		
7		
8		
9		
10		

1~5번 유형은 필수 유형이에요.
6~10번 유형은 나에게 맞게 정해보세요.
꼭 10번 까지 정하지 않아도 괜찮아요.

타임머니 결산

투자	칸	분
생산	칸	분
소비	칸	분
낭비	칸	분

1칸은 15분이에요.
칸수X15를 하면 총 사용한 분을 알 수 있어요.

오늘 하루는 얼마나 만족하는지 생각해보세요.

오늘의 한마디

시간	활동기록	활동 유형										활동 평가			
		1	2	3	4	5	6	7	8	9	10	투자	생산	소비	낭비

월 일 요일 56th day

우선순위

1

2

3

No.	활동 유형	칸
1	생활	
2	일	
3	자기계발	
4	건강	
5	관계	
6		
7		
8		
9		
10		

1~5번 유형은 필수 유형이에요.
6~10번 유형은 나에게 맞게 정해보세요.
꼭 10번 까지 정하지 않아도 괜찮아요.

타임머니 결산

투자	칸	분
생산	칸	분
소비	칸	분
낭비	칸	분

1칸은 15분이에요.
칸수X15를 하면 총 사용한 분을 알 수 있어요.

오늘 하루는 얼마나 만족하는지 생각해보세요.

오늘의 한마디

시간 사용 내역을 기록하고 시각화하면 더 효율적인 시간정리를 할 수 있습니다.

이번주 피드백

계획한 일을 우선순위대로 잘 실행했나요?

투자와 생산의 시간을 충분히 가졌나요?

낭비되는 시간을 줄이려고 노력했나요?

이번주 시간 통계

투자 시간

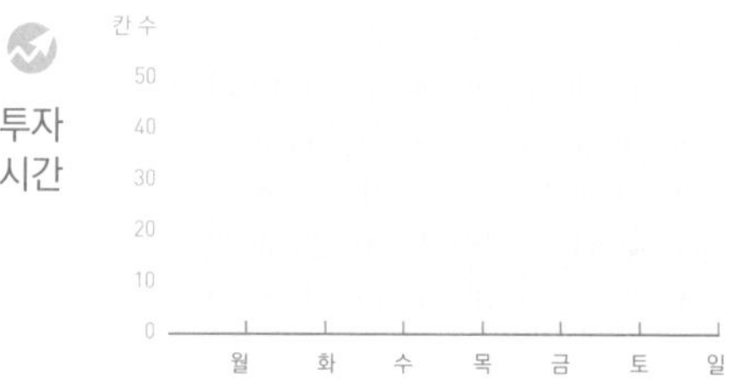

생산 시간

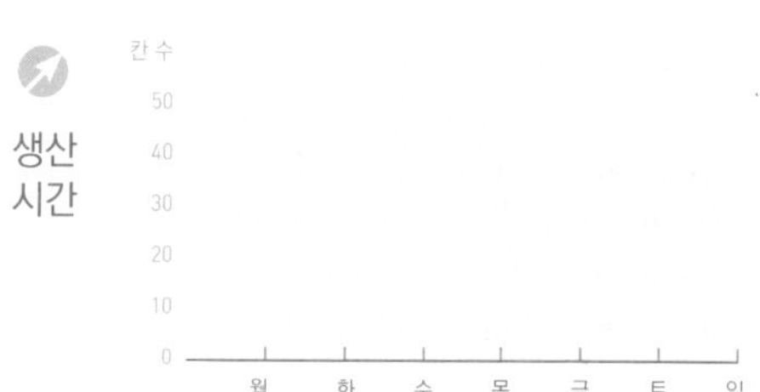

소비 시간

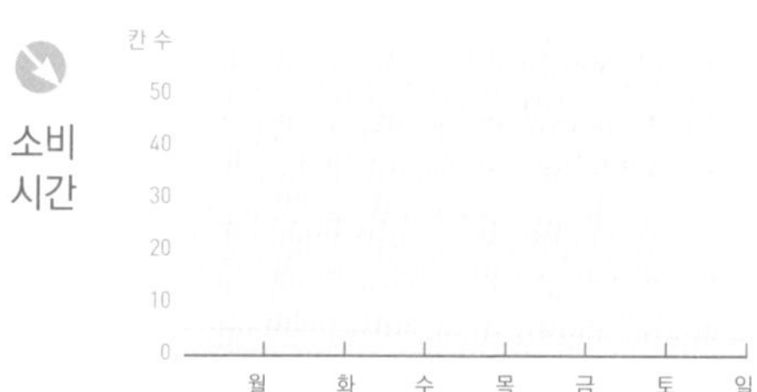

낭비 시간

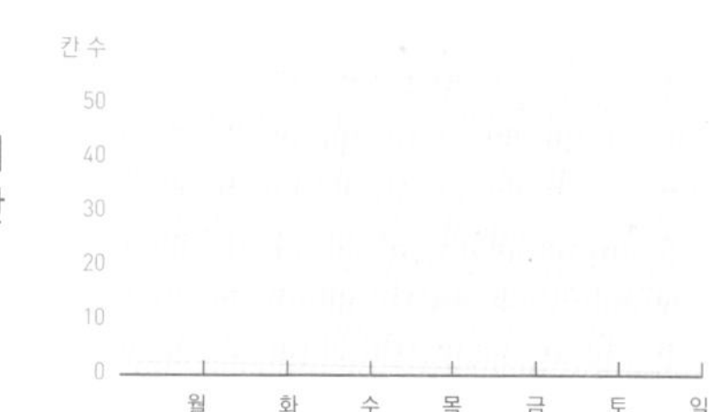

이번주 시간 사용 만족도

9 주차

시간가계부

하루의 시작에 오늘의 중요한 일 3가지를 정하세요.

주요 과제를 미리 정해 두면

중요한 일에 집중할 수 있어 효율이 높아집니다.

주간 시간 계획

이번주 나의 목표

5가지 요소	역할	목표	루틴	가치	습관
나의 요소					
요소에 따른 목표					

이번주 이루고 싶은 일

시간	월	화	수	목	금	토	일

나의 주요 활동 시간을 시간 칸에 작성하고 15시간을 정리해서 일상의 생산성을 효과적으로 상승시키세요.

시간	활동기록	1	2	3	4	5	6	7	8	9	10	투자	생산	소비	낭비

활동 유형 / 활동 평가

월 일 요일 57th day

우선순위

1

2

3

No.	활동 유형	칸
1	생활	
2	일	
3	자기계발	
4	건강	
5	관계	
6		
7		
8		
9		
10		

1~5번 유형은 필수 유형이에요.
6~10번 유형은 나에게 맞게 정해보세요.
꼭 10번 까지 정하지 않아도 괜찮아요.

타임머니 결산

투자	칸	분
생산	칸	분
소비	칸	분
낭비	칸	분

1칸은 15분이에요.
칸수X15를 하면 총 사용한 분을 알 수 있어요.

오늘 하루는 얼마나 만족하는지 생각해보세요.

오늘의 한마디

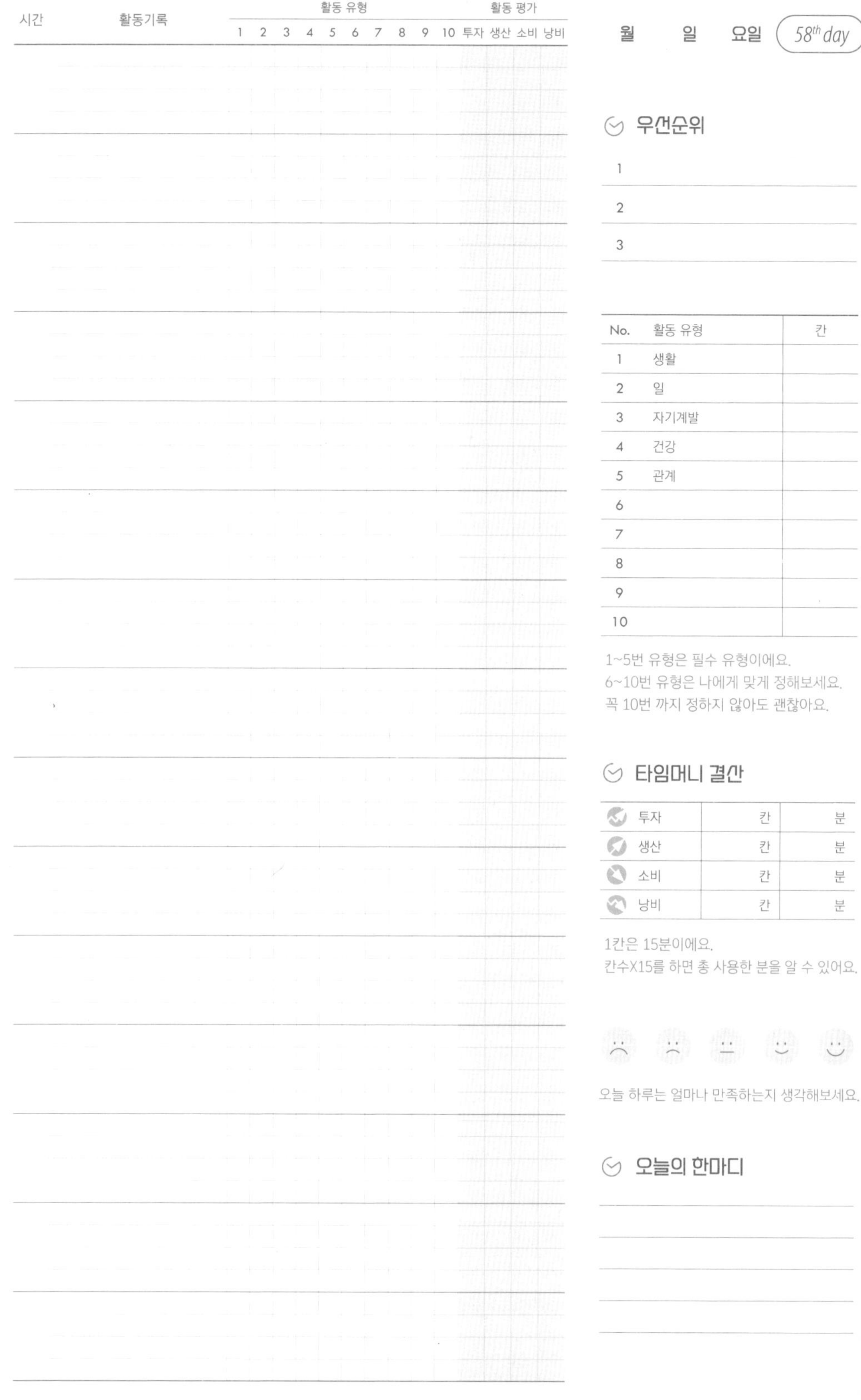

시간	활동기록	활동 유형										활동 평가			
		1	2	3	4	5	6	7	8	9	10	투자	생산	소비	낭비

월 일 요일 *58th day*

우선순위

1

2

3

No.	활동 유형	칸
1	생활	
2	일	
3	자기계발	
4	건강	
5	관계	
6		
7		
8		
9		
10		

1~5번 유형은 필수 유형이에요.
6~10번 유형은 나에게 맞게 정해보세요.
꼭 10번 까지 정하지 않아도 괜찮아요.

타임머니 결산

투자	칸	분
생산	칸	분
소비	칸	분
낭비	칸	분

1칸은 15분이에요.
칸수X15를 하면 총 사용한 분을 알 수 있어요.

오늘 하루는 얼마나 만족하는지 생각해보세요.

오늘의 한마디

시간	활동기록	활동 유형										활동 평가			
		1	2	3	4	5	6	7	8	9	10	투자	생산	소비	낭비

월 일 요일 59th day

우선순위

1

2

3

No.	활동 유형	칸
1	생활	
2	일	
3	자기계발	
4	건강	
5	관계	
6		
7		
8		
9		
10		

1~5번 유형은 필수 유형이에요.
6~10번 유형은 나에게 맞게 정해보세요.
꼭 10번 까지 정하지 않아도 괜찮아요.

타임머니 결산

투자	칸	분
생산	칸	분
소비	칸	분
낭비	칸	분

1칸은 15분이에요.
칸수X15를 하면 총 사용한 분을 알 수 있어요.

오늘 하루는 얼마나 만족하는지 생각해보세요.

오늘의 한마디

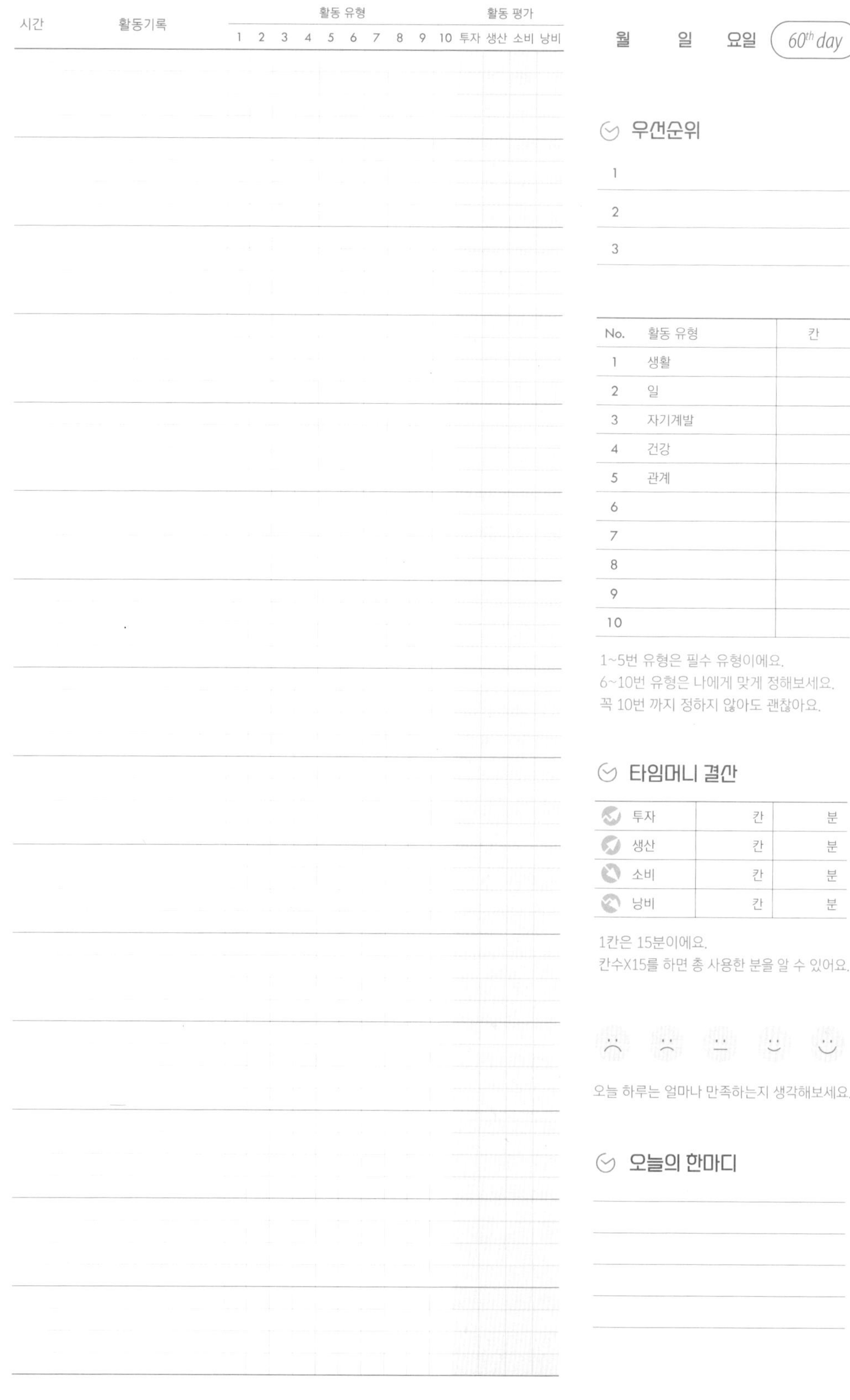

시간	활동기록	1	2	3	4	5	6	7	8	9	10	투자	생산	소비	낭비

(활동 유형: 1–10 / 활동 평가: 투자, 생산, 소비, 낭비)

월 일 요일 *60th day*

우선순위

1

2

3

No.	활동 유형	칸
1	생활	
2	일	
3	자기계발	
4	건강	
5	관계	
6		
7		
8		
9		
10		

1~5번 유형은 필수 유형이에요.
6~10번 유형은 나에게 맞게 정해보세요.
꼭 10번 까지 정하지 않아도 괜찮아요.

타임머니 결산

투자	칸	분
생산	칸	분
소비	칸	분
낭비	칸	분

1칸은 15분이에요.
칸수X15를 하면 총 사용한 분을 알 수 있어요.

오늘 하루는 얼마나 만족하는지 생각해보세요.

오늘의 한마디

시간	활동기록	1	2	3	4	5	6	7	8	9	10	투자	생산	소비	낭비

(활동 유형: 1–10 / 활동 평가: 투자, 생산, 소비, 낭비)

월 일 요일 61st day

우선순위

1
2
3

No.	활동 유형	칸
1	생활	
2	일	
3	자기계발	
4	건강	
5	관계	
6		
7		
8		
9		
10		

1~5번 유형은 필수 유형이에요.
6~10번 유형은 나에게 맞게 정해보세요.
꼭 10번 까지 정하지 않아도 괜찮아요.

타임머니 결산

투자	칸	분
생산	칸	분
소비	칸	분
낭비	칸	분

1칸은 15분이에요.
칸수X15를 하면 총 사용한 분을 알 수 있어요.

오늘 하루는 얼마나 만족하는지 생각해보세요.

오늘의 한마디

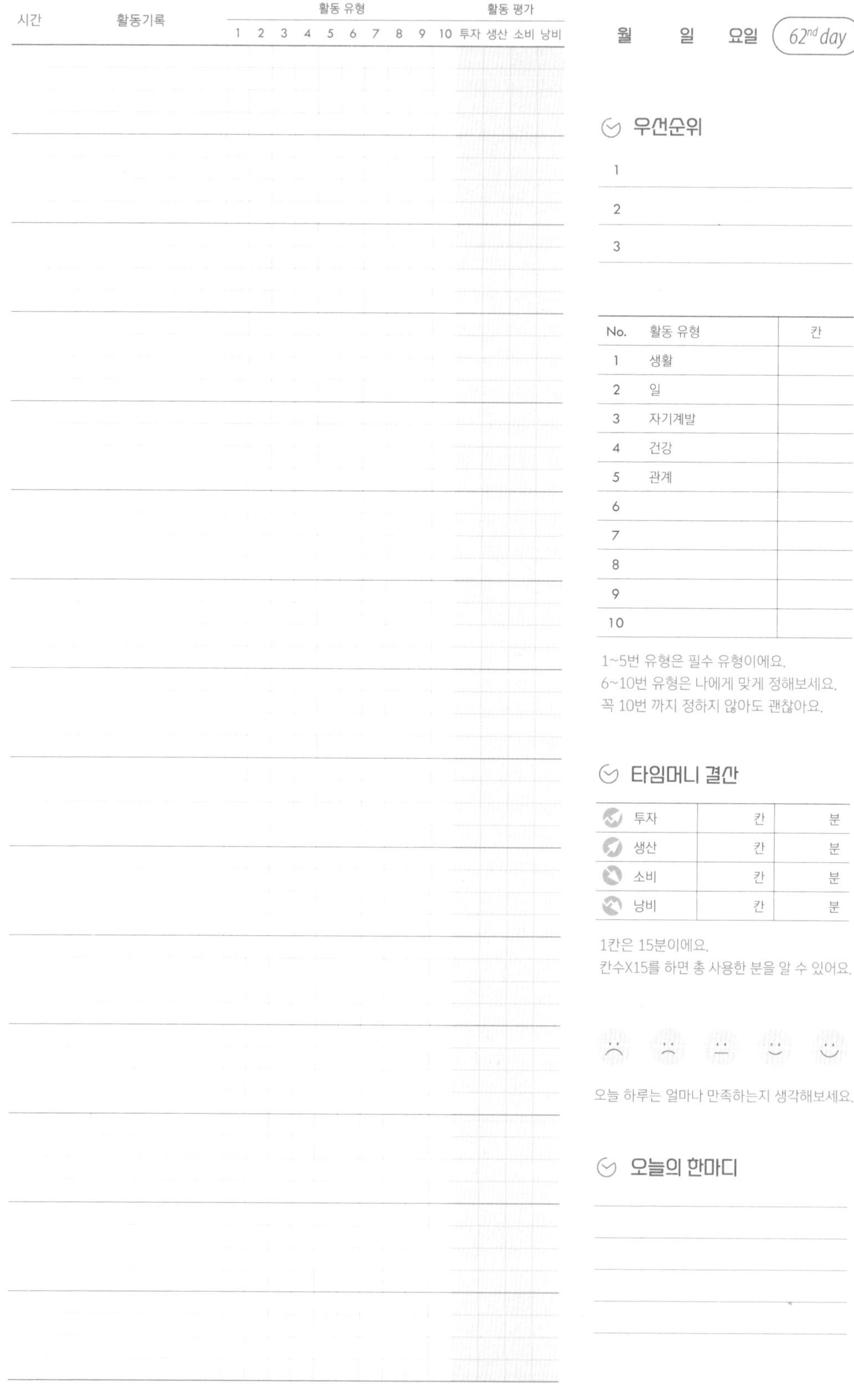

시간	활동기록	활동 유형										활동 평가			
		1	2	3	4	5	6	7	8	9	10	투자	생산	소비	낭비

월 일 요일 62nd day

우선순위

1

2

3

No.	활동 유형	칸
1	생활	
2	일	
3	자기계발	
4	건강	
5	관계	
6		
7		
8		
9		
10		

1~5번 유형은 필수 유형이에요.
6~10번 유형은 나에게 맞게 정해보세요.
꼭 10번 까지 정하지 않아도 괜찮아요.

타임머니 결산

투자	칸	분
생산	칸	분
소비	칸	분
낭비	칸	분

1칸은 15분이에요.
칸수X15를 하면 총 사용한 분을 알 수 있어요.

오늘 하루는 얼마나 만족하는지 생각해보세요.

오늘의 한마디

시간	활동기록	활동 유형 1	2	3	4	5	6	7	8	9	10	활동 평가 투자	생산	소비	낭비

월 일 요일 (63rd day)

우선순위

1
2
3

No.	활동 유형	칸
1	생활	
2	일	
3	자기계발	
4	건강	
5	관계	
6		
7		
8		
9		
10		

1~5번 유형은 필수 유형이에요.
6~10번 유형은 나에게 맞게 정해보세요.
꼭 10번 까지 정하지 않아도 괜찮아요.

타임머니 결산

투자	칸	분
생산	칸	분
소비	칸	분
낭비	칸	분

1칸은 15분이에요.
칸수X15를 하면 총 사용한 분을 알 수 있어요.

오늘 하루는 얼마나 만족하는지 생각해보세요.

오늘의 한마디

이번주 피드백

계획한 일을 우선순위대로 잘 실행했나요?

투자와 생산의 시간을 충분히 가졌나요?

낭비되는 시간을 줄이려고 노력했나요?

이번주 시간 통계

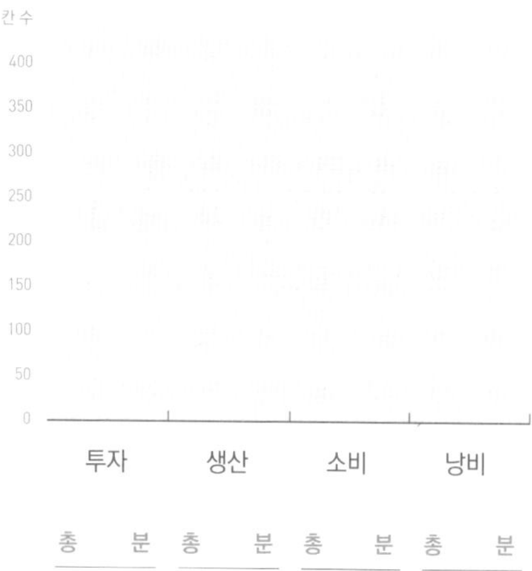

투자 시간

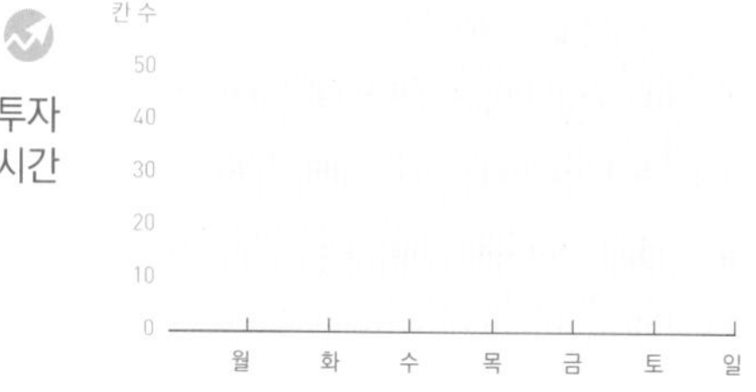

생산 시간

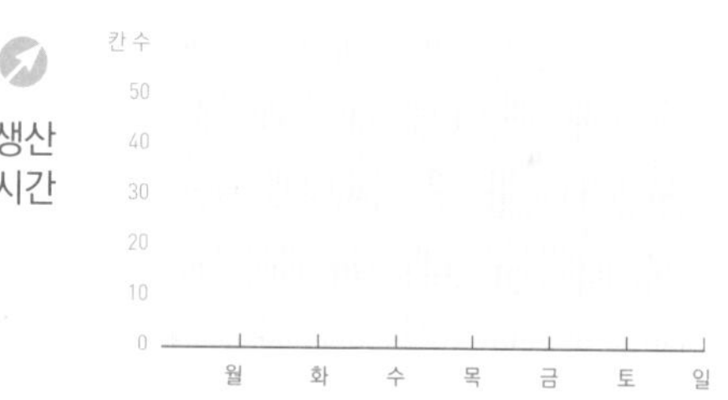

소비 시간

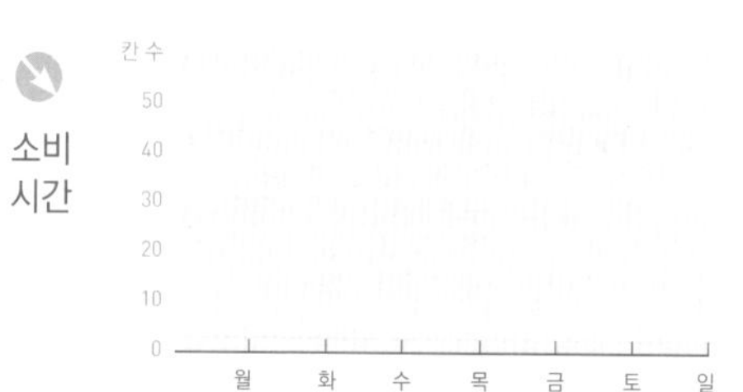

낭비 시간

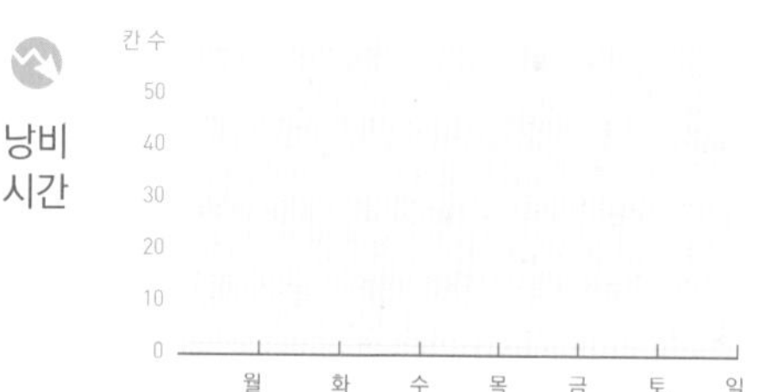

이번주 시간 사용 만족도

10 주차

시간가계부

반복되는 일상 속에서 긍정적인 루틴을 만들어 보세요.
매일 규칙적으로 반복되는 활동은
시간 효율을 높이는 데 큰 도움이 됩니다.

주간 시간 계획

이번주 나의 목표

5가지 요소	역할	목표	루틴	가치	습관
나의 요소					
요소에 따른 목표					

이번주 이루고 싶은 일

시간	월	화	수	목	금	토	일

나의 주요 활동 시간을 시간 칸에 작성하고 15시간을 정리해서 일상의 생산성을 효과적으로 상승시키세요.

시간	활동기록	1	2	3	4	5	6	7	8	9	10	투자	생산	소비	낭비

(활동 유형: 1–10 / 활동 평가: 투자 생산 소비 낭비)

월 일 요일 *64th day*

우선순위

1

2

3

No.	활동 유형	칸
1	생활	
2	일	
3	자기계발	
4	건강	
5	관계	
6		
7		
8		
9		
10		

1~5번 유형은 필수 유형이에요.
6~10번 유형은 나에게 맞게 정해보세요.
꼭 10번 까지 정하지 않아도 괜찮아요.

타임머니 결산

	칸	분
투자	칸	분
생산	칸	분
소비	칸	분
낭비	칸	분

1칸은 15분이에요.
칸수X15를 하면 총 사용한 분을 알 수 있어요.

오늘 하루는 얼마나 만족하는지 생각해보세요.

오늘의 한마디

시간	활동기록	활동 유형										활동 평가			
		1	2	3	4	5	6	7	8	9	10	투자	생산	소비	낭비

월 일 요일 65th day

우선순위

1

2

3

No.	활동 유형	칸
1	생활	
2	일	
3	자기계발	
4	건강	
5	관계	
6		
7		
8		
9		
10		

1~5번 유형은 필수 유형이에요.
6~10번 유형은 나에게 맞게 정해보세요.
꼭 10번 까지 정하지 않아도 괜찮아요.

타임머니 결산

투자	칸	분
생산	칸	분
소비	칸	분
낭비	칸	분

1칸은 15분이에요.
칸수X15를 하면 총 사용한 분을 알 수 있어요.

오늘 하루는 얼마나 만족하는지 생각해보세요.

오늘의 한마디

시간	활동기록	활동 유형										활동 평가			
		1	2	3	4	5	6	7	8	9	10	투자	생산	소비	낭비

월 일 요일 *66th day*

우선순위

1

2

3

No.	활동 유형	칸
1	생활	
2	일	
3	자기계발	
4	건강	
5	관계	
6		
7		
8		
9		
10		

1~5번 유형은 필수 유형이에요.
6~10번 유형은 나에게 맞게 정해보세요.
꼭 10번 까지 정하지 않아도 괜찮아요.

타임머니 결산

투자	칸	분
생산	칸	분
소비	칸	분
낭비	칸	분

1칸은 15분이에요.
칸수X15를 하면 총 사용한 분을 알 수 있어요.

오늘 하루는 얼마나 만족하는지 생각해보세요.

오늘의 한마디

시간	활동기록	활동 유형 1	2	3	4	5	6	7	8	9	10	활동 평가 투자	생산	소비	낭비

월 일 요일 67th day

우선순위

1
2
3

No.	활동 유형	칸
1	생활	
2	일	
3	자기계발	
4	건강	
5	관계	
6		
7		
8		
9		
10		

1~5번 유형은 필수 유형이에요.
6~10번 유형은 나에게 맞게 정해보세요.
꼭 10번 까지 정하지 않아도 괜찮아요.

타임머니 결산

	칸	분
투자	칸	분
생산	칸	분
소비	칸	분
낭비	칸	분

1칸은 15분이에요.
칸수X15를 하면 총 사용한 분을 알 수 있어요.

오늘 하루는 얼마나 만족하는지 생각해보세요.

오늘의 한마디

시간	활동기록	활동 유형										활동 평가			
		1	2	3	4	5	6	7	8	9	10	투자	생산	소비	낭비

월 일 요일 68th day

우선순위

1

2

3

No.	활동 유형	칸
1	생활	
2	일	
3	자기계발	
4	건강	
5	관계	
6		
7		
8		
9		
10		

1~5번 유형은 필수 유형이에요.
6~10번 유형은 나에게 맞게 정해보세요.
꼭 10번 까지 정하지 않아도 괜찮아요.

타임머니 결산

투자	칸	분
생산	칸	분
소비	칸	분
낭비	칸	분

1칸은 15분이에요.
칸수X15를 하면 총 사용한 분을 알 수 있어요.

오늘 하루는 얼마나 만족하는지 생각해보세요.

오늘의 한마디

시간	활동기록	활동 유형										활동 평가			
		1	2	3	4	5	6	7	8	9	10	투자	생산	소비	낭비

월 일 요일 69th day

우선순위

1

2

3

No.	활동 유형	칸
1	생활	
2	일	
3	자기계발	
4	건강	
5	관계	
6		
7		
8		
9		
10		

1~5번 유형은 필수 유형이에요.
6~10번 유형은 나에게 맞게 정해보세요.
꼭 10번 까지 정하지 않아도 괜찮아요.

타임머니 결산

투자	칸	분
생산	칸	분
소비	칸	분
낭비	칸	분

1칸은 15분이에요.
칸수X15를 하면 총 사용한 분을 알 수 있어요.

오늘 하루는 얼마나 만족하는지 생각해보세요.

오늘의 한마디

시간	활동기록	1	2	3	4	5	6	7	8	9	10	투자	생산	소비	낭비

(활동 유형: 1–10 / 활동 평가: 투자, 생산, 소비, 낭비)

월 일 요일 *70th day*

우선순위

1

2

3

No.	활동 유형	칸
1	생활	
2	일	
3	자기계발	
4	건강	
5	관계	
6		
7		
8		
9		
10		

1~5번 유형은 필수 유형이에요.
6~10번 유형은 나에게 맞게 정해보세요.
꼭 10번 까지 정하지 않아도 괜찮아요.

타임머니 결산

투자	칸	분
생산	칸	분
소비	칸	분
낭비	칸	분

1칸은 15분이에요.
칸수X15를 하면 총 사용한 분을 알 수 있어요.

오늘 하루는 얼마나 만족하는지 생각해보세요.

오늘의 한마디

이번주 피드백

계획한 일을 우선순위대로 잘 실행했나요?

투자와 생산의 시간을 충분히 가졌나요?

낭비되는 시간을 줄이려고 노력했나요?

이번주 시간 통계

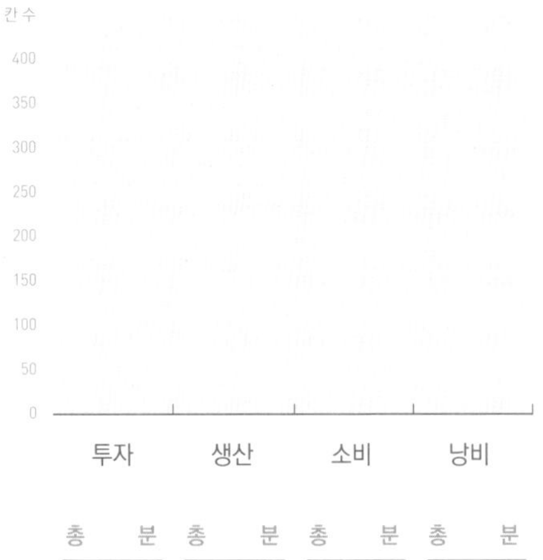

총 분 총 분 총 분 총 분

투자 시간

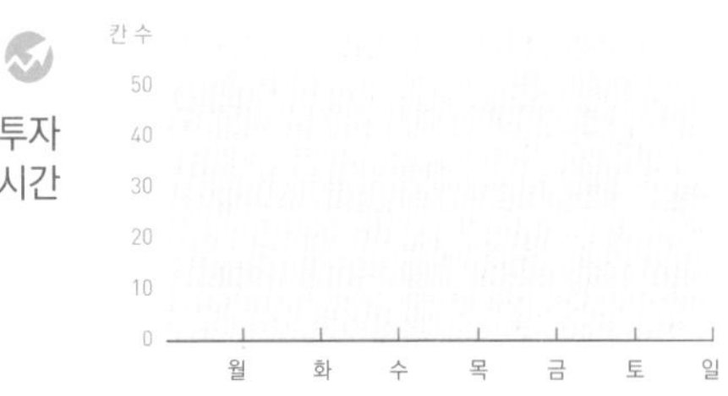

생산 시간

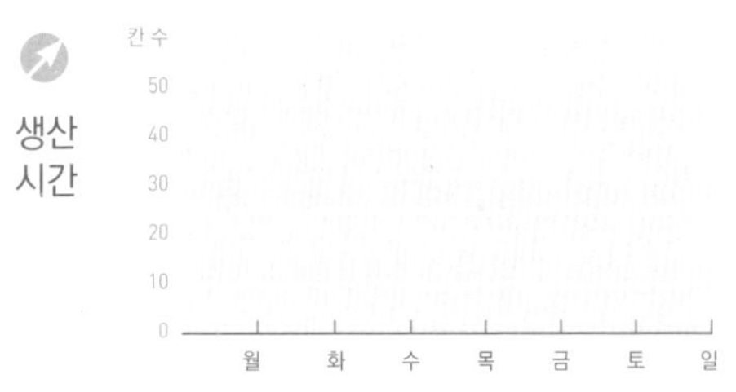

소비 시간

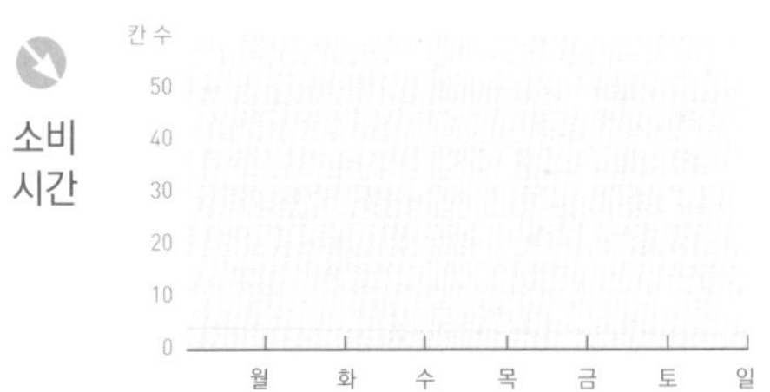

낭비 시간

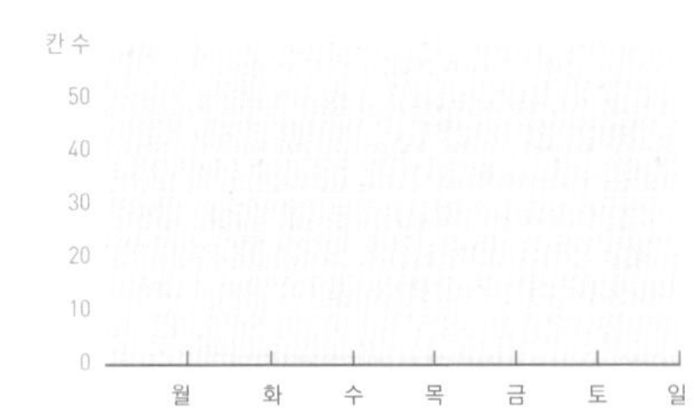

이번주 시간 사용 만족도

11 주차

시간가계부

미루는 습관을 줄이기 위해 시간을 기록하세요.
시간가계부에 매일의 활동을 기록하면,
미루는 일 없이 더 나은 시간 관리를 할 수 있습니다.

주간 시간 계획

이번주 나의 목표

5가지 요소	역할	목표	루틴	가치	습관
나의 요소					
요소에 따른 목표					

이번주 이루고 싶은 일

시간	월	화	수	목	금	토	일

나의 주요 활동 시간을 시간 칸에 작성하고 15시간을 정리해서 일상의 생산성을 효과적으로 상승시키세요.

시간	활동기록	1	2	3	4	5	6	7	8	9	10	투자	생산	소비	낭비

(활동 유형: 1–10 / 활동 평가: 투자, 생산, 소비, 낭비)

월 일 요일 *71st day*

우선순위

1

2

3

No.	활동 유형	칸
1	생활	
2	일	
3	자기계발	
4	건강	
5	관계	
6		
7		
8		
9		
10		

1~5번 유형은 필수 유형이에요.
6~10번 유형은 나에게 맞게 정해보세요.
꼭 10번 까지 정하지 않아도 괜찮아요.

타임머니 결산

투자	칸	분
생산	칸	분
소비	칸	분
낭비	칸	분

1칸은 15분이에요.
칸수X15를 하면 총 사용한 분을 알 수 있어요.

오늘 하루는 얼마나 만족하는지 생각해보세요.

오늘의 한마디

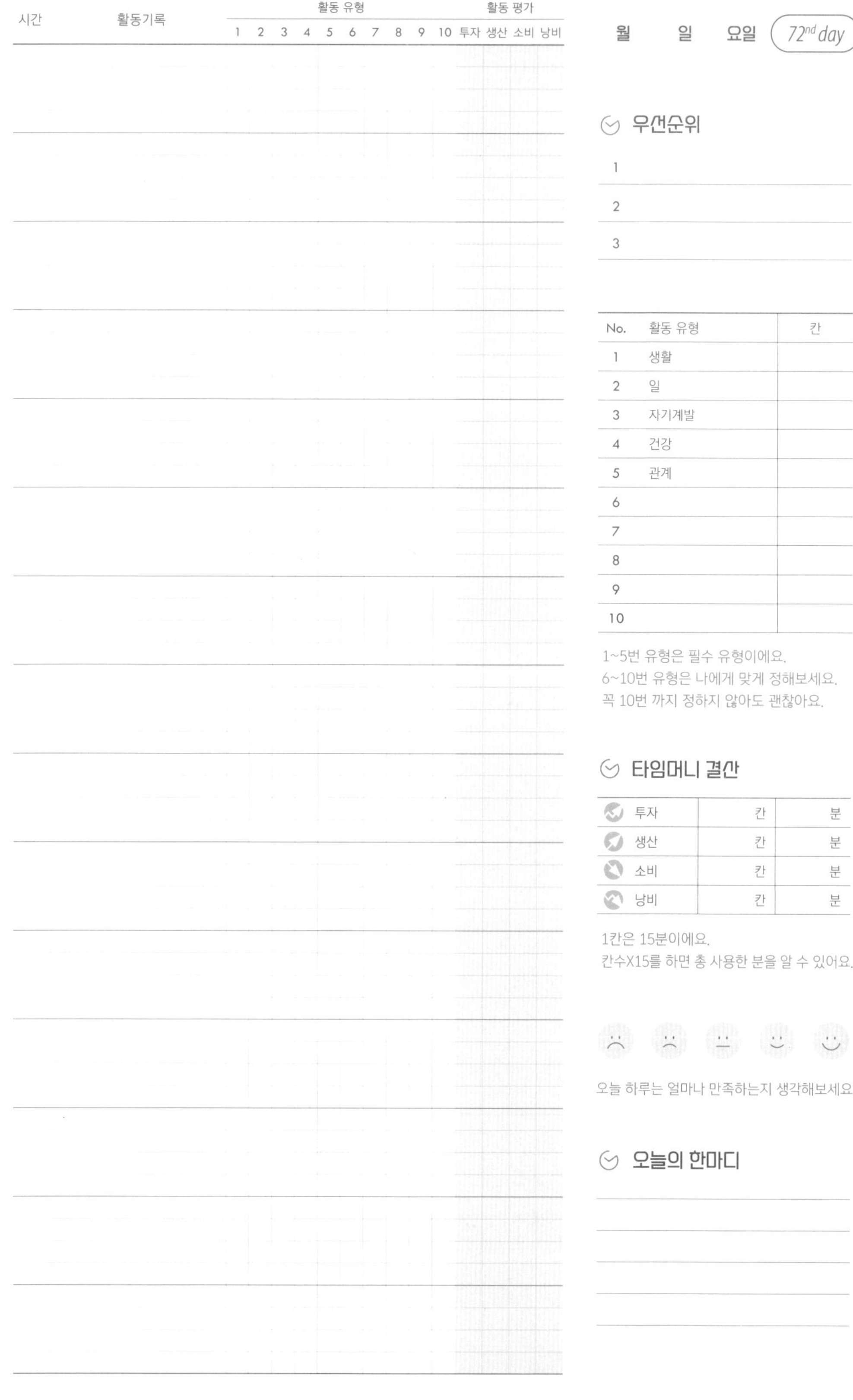

시간	활동기록	활동 유형 1	2	3	4	5	6	7	8	9	10	활동 평가 투자	생산	소비	낭비

월 일 요일 72nd day

우선순위

1
2
3

No.	활동 유형	칸
1	생활	
2	일	
3	자기계발	
4	건강	
5	관계	
6		
7		
8		
9		
10		

1~5번 유형은 필수 유형이에요.
6~10번 유형은 나에게 맞게 정해보세요.
꼭 10번 까지 정하지 않아도 괜찮아요.

타임머니 결산

	칸	분
투자	칸	분
생산	칸	분
소비	칸	분
낭비	칸	분

1칸은 15분이에요.
칸수X15를 하면 총 사용한 분을 알 수 있어요.

오늘 하루는 얼마나 만족하는지 생각해보세요.

오늘의 한마디

시간	활동기록	활동 유형 1	2	3	4	5	6	7	8	9	10	활동 평가 투자	생산	소비	낭비

월 일 요일 73rd day

우선순위

1

2

3

No.	활동 유형	칸
1	생활	
2	일	
3	자기계발	
4	건강	
5	관계	
6		
7		
8		
9		
10		

1~5번 유형은 필수 유형이에요.
6~10번 유형은 나에게 맞게 정해보세요.
꼭 10번 까지 정하지 않아도 괜찮아요.

타임머니 결산

투자	칸	분
생산	칸	분
소비	칸	분
낭비	칸	분

1칸은 15분이에요.
칸수X15를 하면 총 사용한 분을 알 수 있어요.

오늘 하루는 얼마나 만족하는지 생각해보세요.

오늘의 한마디

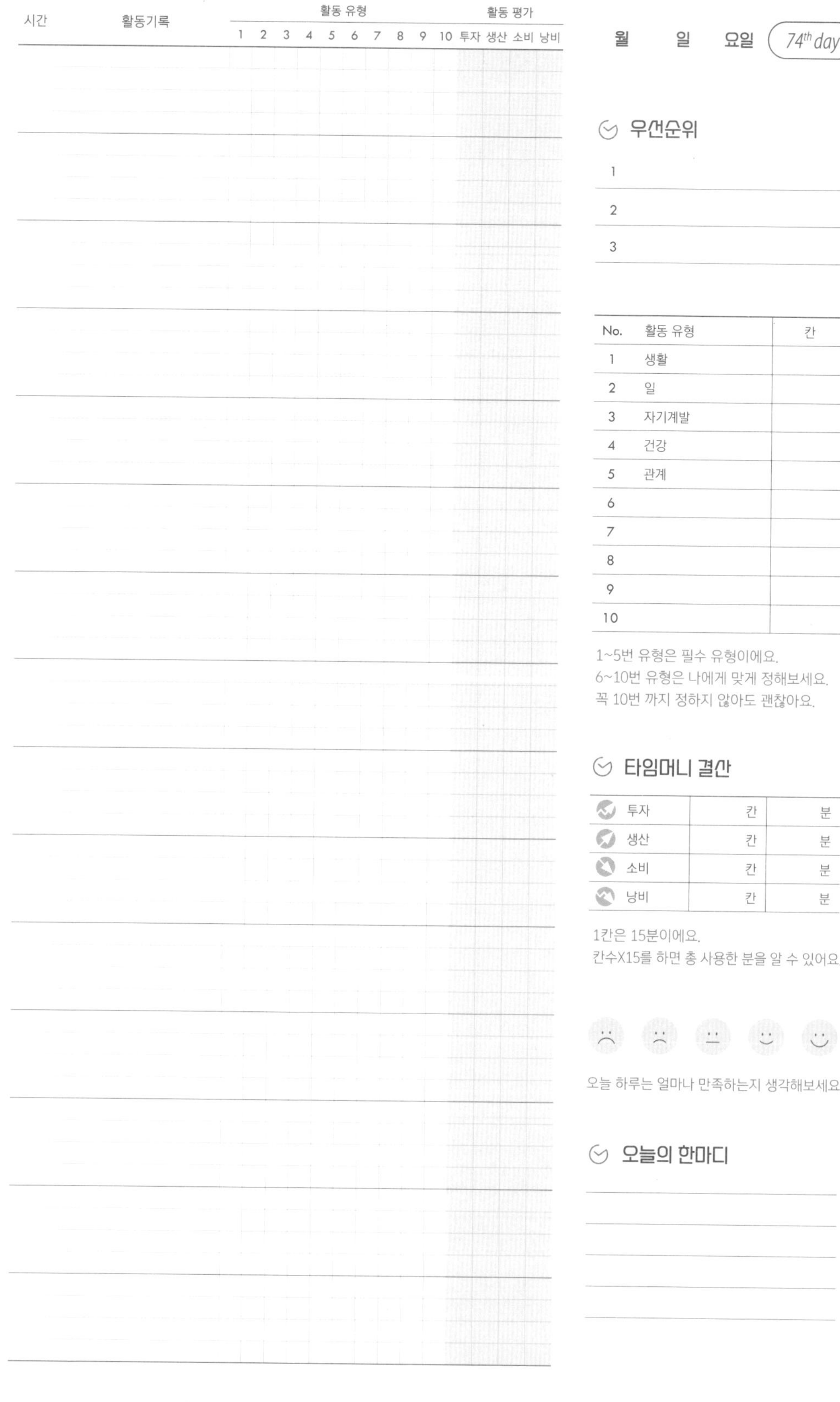

시간	활동기록	활동 유형 1	2	3	4	5	6	7	8	9	10	활동 평가 투자	생산	소비	낭비

월 일 요일 74th day

우선순위

1

2

3

No.	활동 유형	칸
1	생활	
2	일	
3	자기계발	
4	건강	
5	관계	
6		
7		
8		
9		
10		

1~5번 유형은 필수 유형이에요.
6~10번 유형은 나에게 맞게 정해보세요.
꼭 10번 까지 정하지 않아도 괜찮아요.

타임머니 결산

투자	칸	분
생산	칸	분
소비	칸	분
낭비	칸	분

1칸은 15분이에요.
칸수X15를 하면 총 사용한 분을 알 수 있어요.

오늘 하루는 얼마나 만족하는지 생각해보세요.

오늘의 한마디

시간	활동기록	활동 유형										활동 평가			
		1	2	3	4	5	6	7	8	9	10	투자	생산	소비	낭비

월 일 요일 75th day

우선순위

1

2

3

No.	활동 유형	칸
1	생활	
2	일	
3	자기계발	
4	건강	
5	관계	
6		
7		
8		
9		
10		

1~5번 유형은 필수 유형이에요.
6~10번 유형은 나에게 맞게 정해보세요.
꼭 10번 까지 정하지 않아도 괜찮아요.

타임머니 결산

투자	칸	분
생산	칸	분
소비	칸	분
낭비	칸	분

1칸은 15분이에요.
칸수X15를 하면 총 사용한 분을 알 수 있어요.

오늘 하루는 얼마나 만족하는지 생각해보세요.

오늘의 한마디

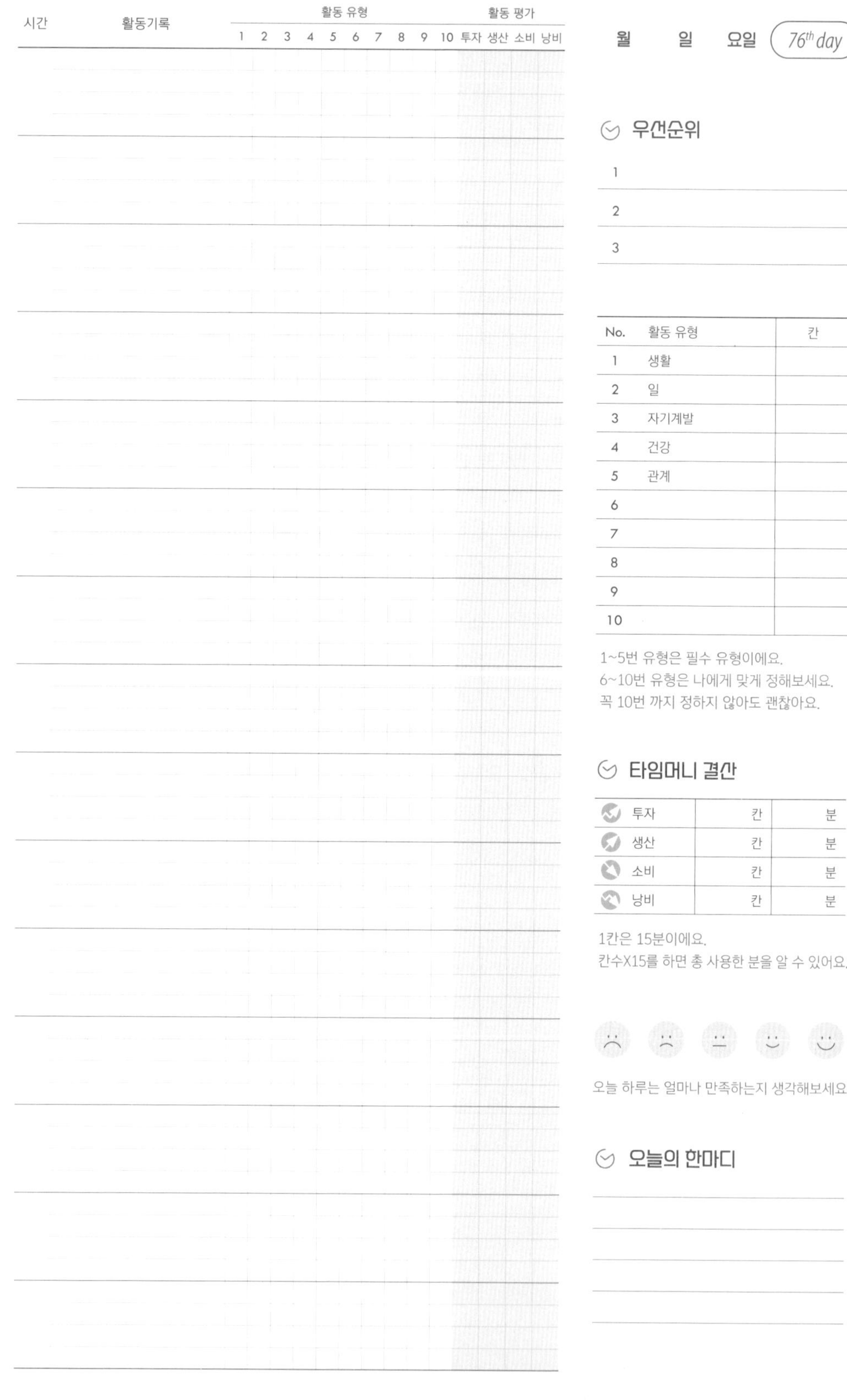

시간	활동기록	활동 유형										활동 평가			
		1	2	3	4	5	6	7	8	9	10	투자	생산	소비	낭비

월 일 요일 *76th day*

우선순위

1
2
3

No.	활동 유형	칸
1	생활	
2	일	
3	자기계발	
4	건강	
5	관계	
6		
7		
8		
9		
10		

1~5번 유형은 필수 유형이에요.
6~10번 유형은 나에게 맞게 정해보세요.
꼭 10번 까지 정하지 않아도 괜찮아요.

타임머니 결산

투자	칸	분
생산	칸	분
소비	칸	분
낭비	칸	분

1칸은 15분이에요.
칸수X15를 하면 총 사용한 분을 알 수 있어요.

오늘 하루는 얼마나 만족하는지 생각해보세요.

오늘의 한마디

시간	활동기록	활동 유형										활동 평가			
		1	2	3	4	5	6	7	8	9	10	투자	생산	소비	낭비

월 일 요일 77th day

우선순위

1

2

3

No.	활동 유형	칸
1	생활	
2	일	
3	자기계발	
4	건강	
5	관계	
6		
7		
8		
9		
10		

1~5번 유형은 필수 유형이에요.
6~10번 유형은 나에게 맞게 정해보세요.
꼭 10번 까지 정하지 않아도 괜찮아요.

타임머니 결산

투자	칸	분
생산	칸	분
소비	칸	분
낭비	칸	분

1칸은 15분이에요.
칸수X15를 하면 총 사용한 분을 알 수 있어요.

오늘 하루는 얼마나 만족하는지 생각해보세요.

오늘의 한마디

이번주 피드백

계획한 일을 우선순위대로 잘 실행했나요?

투자와 생산의 시간을 충분히 가졌나요?

낭비되는 시간을 줄이려고 노력했나요?

이번주 시간 통계

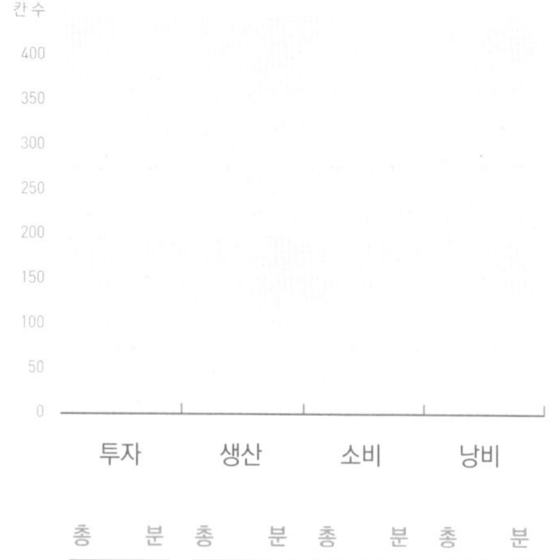

총 분 총 분 총 분 총 분

투자 시간

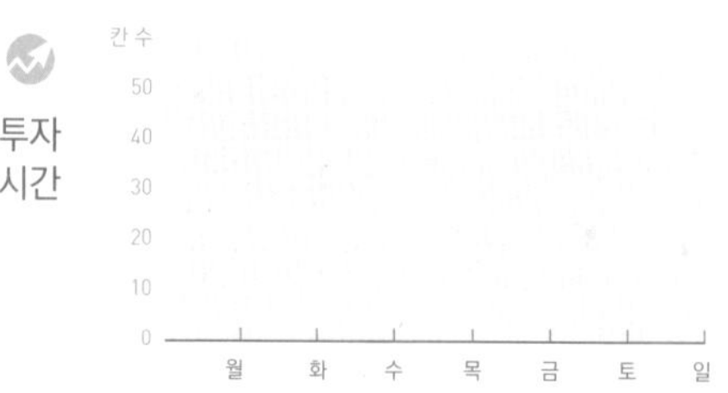

생산 시간

칸 수 50 40 30 20 10 0

월 화 수 목 금 토 일

소비 시간

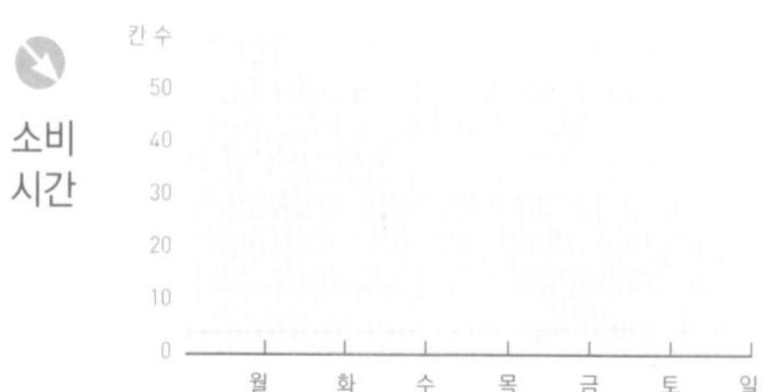

낭비 시간

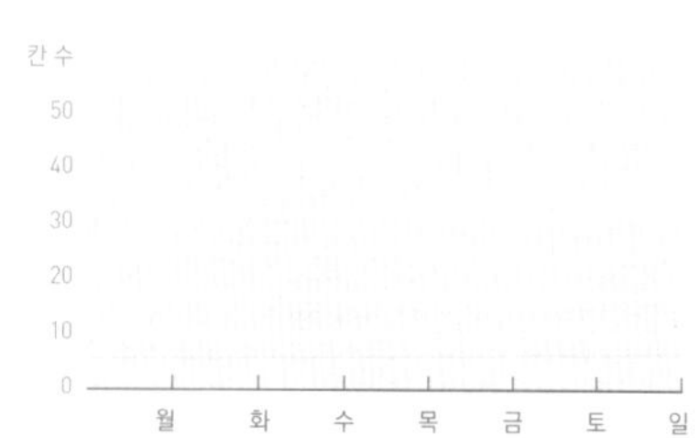

이번주 시간 사용 만족도

12 주차

시간가계부

장기적인 목표와 단기적인 계획을 함께 설정하세요.

긴 시간 동안 달성하고 싶은 목표가 있으면,

그 목표에 맞춰 하루하루 시간을 사용하는 것이 중요합니다.

주간 시간 계획

이번주 나의 목표

5가지 요소	역할	목표	루틴	가치	습관
나의 요소					
요소에 따른 목표					

이번주 이루고 싶은 일

시간	월	화	수	목	금	토	일

나의 주요 활동 시간을 시간 칸에 작성하고 15시간을 정리해서 일상의 생산성을 효과적으로 상승시키세요.

시간	활동기록	활동 유형										활동 평가			
		1	2	3	4	5	6	7	8	9	10	투자	생산	소비	낭비

월 일 요일 78th day

우선순위

1

2

3

No.	활동 유형	칸
1	생활	
2	일	
3	자기계발	
4	건강	
5	관계	
6		
7		
8		
9		
10		

1~5번 유형은 필수 유형이에요.
6~10번 유형은 나에게 맞게 정해보세요.
꼭 10번 까지 정하지 않아도 괜찮아요.

타임머니 결산

투자	칸	분
생산	칸	분
소비	칸	분
낭비	칸	분

1칸은 15분이에요.
칸수X15를 하면 총 사용한 분을 알 수 있어요.

오늘 하루는 얼마나 만족하는지 생각해보세요.

오늘의 한마디

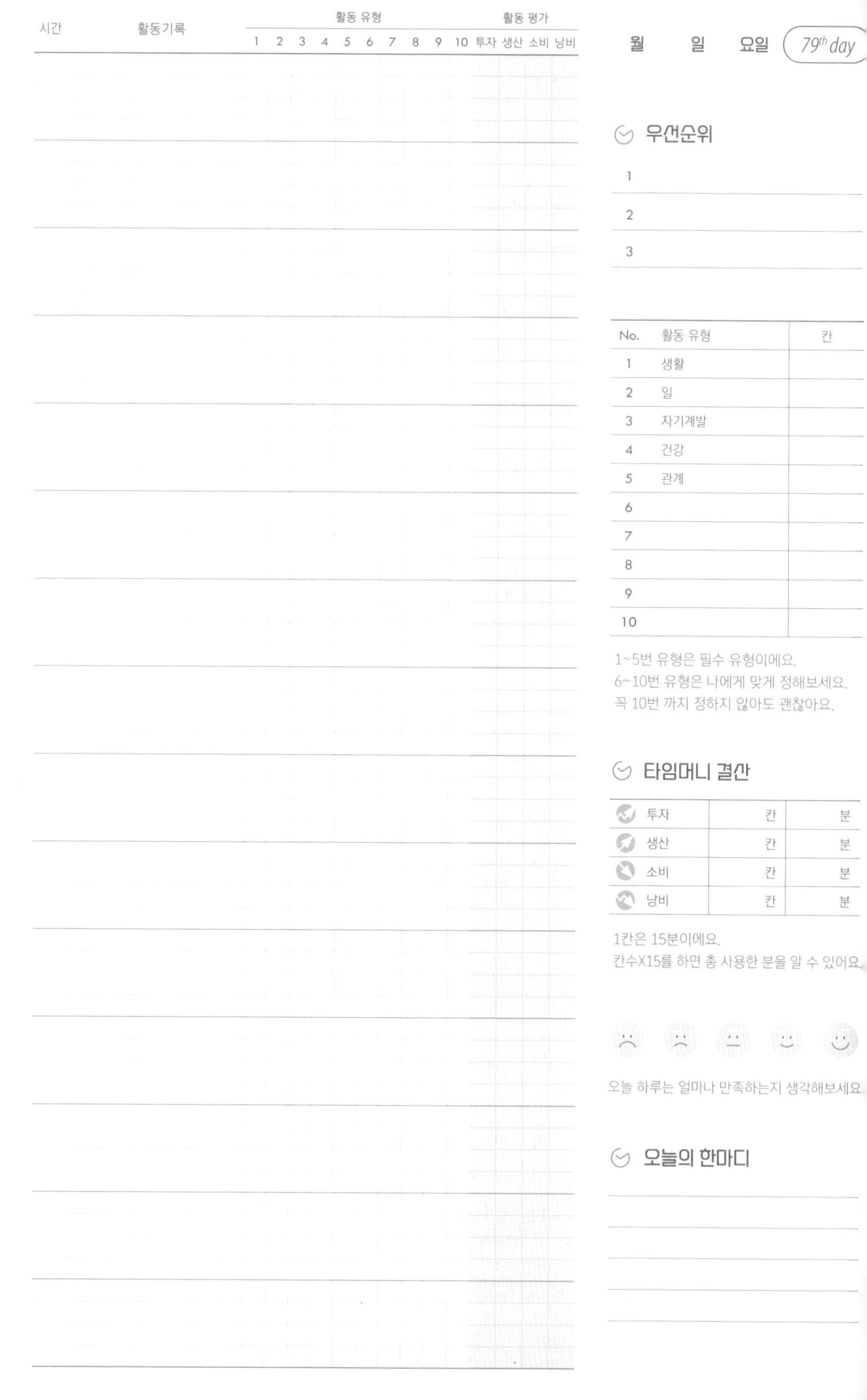

시간	활동기록	활동 유형										활동 평가			
		1	2	3	4	5	6	7	8	9	10	투자	생산	소비	낭비

월 일 요일 79th day

우선순위

1

2

3

No.	활동 유형	칸
1	생활	
2	일	
3	자기계발	
4	건강	
5	관계	
6		
7		
8		
9		
10		

1~5번 유형은 필수 유형이에요.
6~10번 유형은 나에게 맞게 정해보세요.
꼭 10번 까지 정하지 않아도 괜찮아요.

타임머니 결산

투자	칸	분
생산	칸	분
소비	칸	분
낭비	칸	분

1칸은 15분이에요.
칸수X15를 하면 총 사용한 분을 알 수 있어요.

오늘 하루는 얼마나 만족하는지 생각해보세요

오늘의 한마디

시간	활동기록	활동 유형										활동 평가			
		1	2	3	4	5	6	7	8	9	10	투자	생산	소비	낭비

월 일 요일 80th day

우선순위

1

2

3

No.	활동 유형	칸
1	생활	
2	일	
3	자기계발	
4	건강	
5	관계	
6		
7		
8		
9		
10		

1~5번 유형은 필수 유형이에요.
6~10번 유형은 나에게 맞게 정해보세요.
꼭 10번 까지 정하지 않아도 괜찮아요.

타임머니 결산

투자	칸	분
생산	칸	분
소비	칸	분
낭비	칸	분

1칸은 15분이에요.
칸수X15를 하면 총 사용한 분을 알 수 있어요.

오늘 하루는 얼마나 만족하는지 생각해보세요.

오늘의 한마디

시간	활동기록	활동 유형										활동 평가			
		1	2	3	4	5	6	7	8	9	10	투자	생산	소비	낭비

월 일 요일 81st day

우선순위

1

2

3

No.	활동 유형	칸
1	생활	
2	일	
3	자기계발	
4	건강	
5	관계	
6		
7		
8		
9		
10		

1~5번 유형은 필수 유형이에요.
6~10번 유형은 나에게 맞게 정해보세요.
꼭 10번 까지 정하지 않아도 괜찮아요.

타임머니 결산

투자	칸	분
생산	칸	분
소비	칸	분
낭비	칸	분

1칸은 15분이에요.
칸수X15를 하면 총 사용한 분을 알 수 있어요.

오늘 하루는 얼마나 만족하는지 생각해보세요.

오늘의 한마디

시간	활동기록	활동 유형 1	2	3	4	5	6	7	8	9	10	활동 평가 투자	생산	소비	낭비

월 일 요일 82nd day

우선순위

1

2

3

No.	활동 유형	칸
1	생활	
2	일	
3	자기계발	
4	건강	
5	관계	
6		
7		
8		
9		
10		

1~5번 유형은 필수 유형이에요.
6~10번 유형은 나에게 맞게 정해보세요.
꼭 10번 까지 정하지 않아도 괜찮아요.

타임머니 결산

투자	칸	분
생산	칸	분
소비	칸	분
낭비	칸	분

1칸은 15분이에요.
칸수X15를 하면 총 사용한 분을 알 수 있어요.

오늘 하루는 얼마나 만족하는지 생각해보세요.

오늘의 한마디

시간	활동기록	활동 유형 1	2	3	4	5	6	7	8	9	10	활동 평가 투자	생산	소비	낭비

월 일 요일 83rd day

우선순위

1

2

3

No.	활동 유형	칸
1	생활	
2	일	
3	자기계발	
4	건강	
5	관계	
6		
7		
8		
9		
10		

1~5번 유형은 필수 유형이에요.
6~10번 유형은 나에게 맞게 정해보세요.
꼭 10번 까지 정하지 않아도 괜찮아요.

타임머니 결산

투자	칸	분
생산	칸	분
소비	칸	분
낭비	칸	분

1칸은 15분이에요.
칸수X15를 하면 총 사용한 분을 알 수 있어요.

오늘 하루는 얼마나 만족하는지 생각해보세요.

오늘의 한마디

시간	활동기록	활동 유형 1	2	3	4	5	6	7	8	9	10	활동 평가 투자	생산	소비	낭비

월 일 요일 84th day

우선순위

1

2

3

No.	활동 유형	칸
1	생활	
2	일	
3	자기계발	
4	건강	
5	관계	
6		
7		
8		
9		
10		

1~5번 유형은 필수 유형이에요.
6~10번 유형은 나에게 맞게 정해보세요.
꼭 10번 까지 정하지 않아도 괜찮아요.

타임머니 결산

투자	칸	분
생산	칸	분
소비	칸	분
낭비	칸	분

1칸은 15분이에요.
칸수X15를 하면 총 사용한 분을 알 수 있어요.

오늘 하루는 얼마나 만족하는지 생각해보세요.

오늘의 한마디

이번주 피드백

계획한 일을 우선순위대로 잘 실행했나요?

투자와 생산의 시간을 충분히 가졌나요?

낭비되는 시간을 줄이려고 노력했나요?

이번주 시간 통계

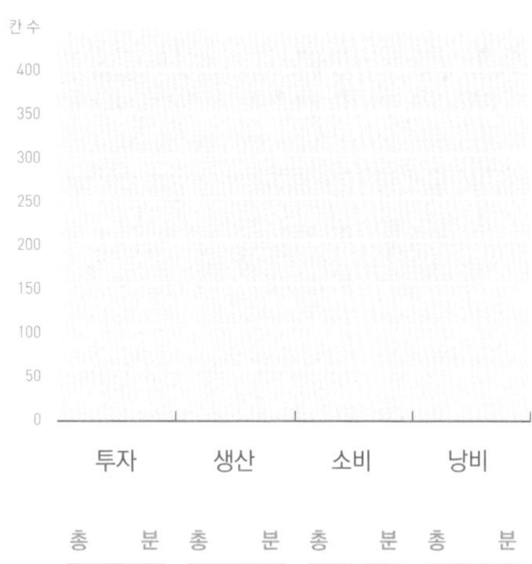

투자 생산 소비 낭비

총 분 총 분 총 분 총 분

투자 시간

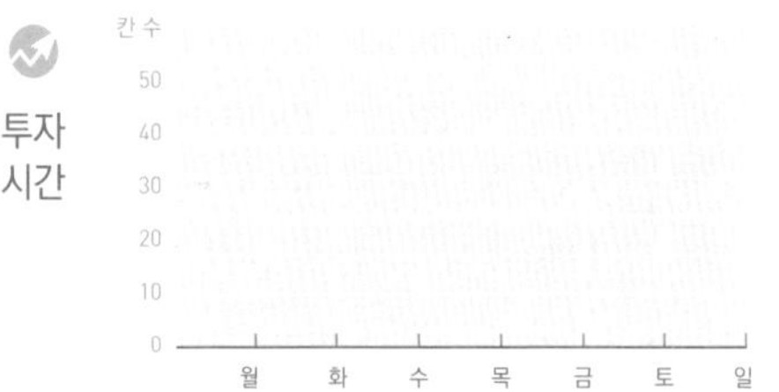

생산 시간

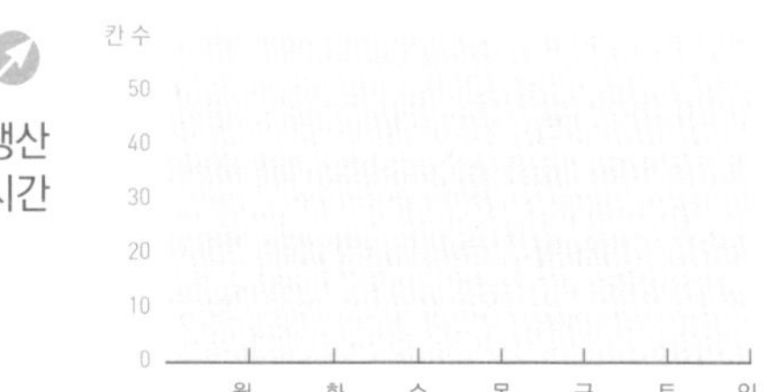

소비 시간

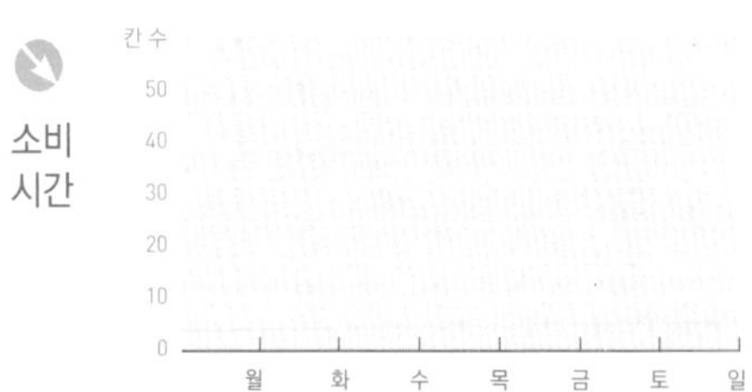

낭비 시간

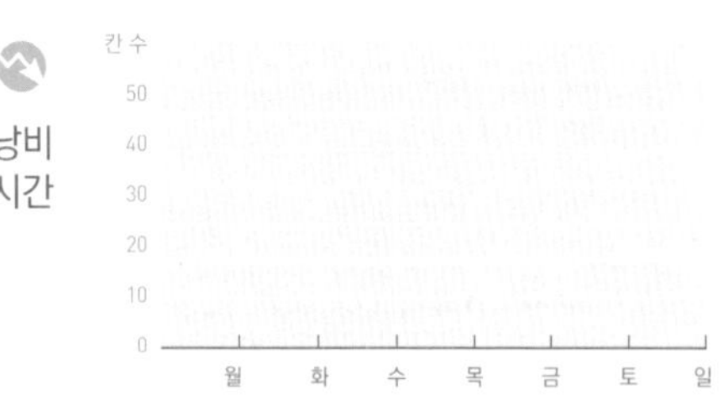

이번주 시간 사용 만족도

13주차

시간가계부

활동별로 시간을 구분하고, 낭비 시간을 줄이는 데 집중하세요.

시간가계부에 소비, 생산, 투자 시간 등으로

분류하여 기록하면 낭비를 줄일 수 있습니다.

주간 시간 계획

이번주 나의 목표

5가지 요소	역할	목표	루틴	가치	습관
나의 요소					
요소에 따른 목표					

이번주 이루고 싶은 일

시간	월	화	수	목	금	토	일

나의 주요 활동 시간을 시간 칸에 작성하고 15시간을 정리해서 일상의 생산성을 효과적으로 상승시키세요.

시간	활동기록	활동 유형 1	2	3	4	5	6	7	8	9	10	활동 평가 투자	생산	소비	낭비

월 일 요일 85th day

우선순위

1
2
3

No.	활동 유형	칸
1	생활	
2	일	
3	자기계발	
4	건강	
5	관계	
6		
7		
8		
9		
10		

1~5번 유형은 필수 유형이에요.
6~10번 유형은 나에게 맞게 정해보세요.
꼭 10번 까지 정하지 않아도 괜찮아요.

타임머니 결산

투자	칸	분
생산	칸	분
소비	칸	분
낭비	칸	분

1칸은 15분이에요.
칸수X15를 하면 총 사용한 분을 알 수 있어요.

오늘 하루는 얼마나 만족하는지 생각해보세요.

오늘의 한마디

시간	활동기록	활동 유형 1	2	3	4	5	6	7	8	9	10	활동 평가 투자	생산	소비	낭비

월 일 요일 86th day

우선순위

1

2

3

No.	활동 유형	칸
1	생활	
2	일	
3	자기계발	
4	건강	
5	관계	
6		
7		
8		
9		
10		

1~5번 유형은 필수 유형이에요.
6~10번 유형은 나에게 맞게 정해보세요.
꼭 10번 까지 정하지 않아도 괜찮아요.

타임머니 결산

투자	칸	분
생산	칸	분
소비	칸	분
낭비	칸	분

1칸은 15분이에요.
칸수X15를 하면 총 사용한 분을 알 수 있어요.

오늘 하루는 얼마나 만족하는지 생각해보세요.

오늘의 한마디

시간	활동기록	활동 유형										활동 평가			
		1	2	3	4	5	6	7	8	9	10	투자	생산	소비	낭비

월 일 요일 87th day

우선순위

1

2

3

No.	활동 유형	칸
1	생활	
2	일	
3	자기계발	
4	건강	
5	관계	
6		
7		
8		
9		
10		

1~5번 유형은 필수 유형이에요.
6~10번 유형은 나에게 맞게 정해보세요.
꼭 10번 까지 정하지 않아도 괜찮아요.

타임머니 결산

투자	칸	분
생산	칸	분
소비	칸	분
낭비	칸	분

1칸은 15분이에요.
칸수X15를 하면 총 사용한 분을 알 수 있어요.

오늘 하루는 얼마나 만족하는지 생각해보세요.

오늘의 한마디

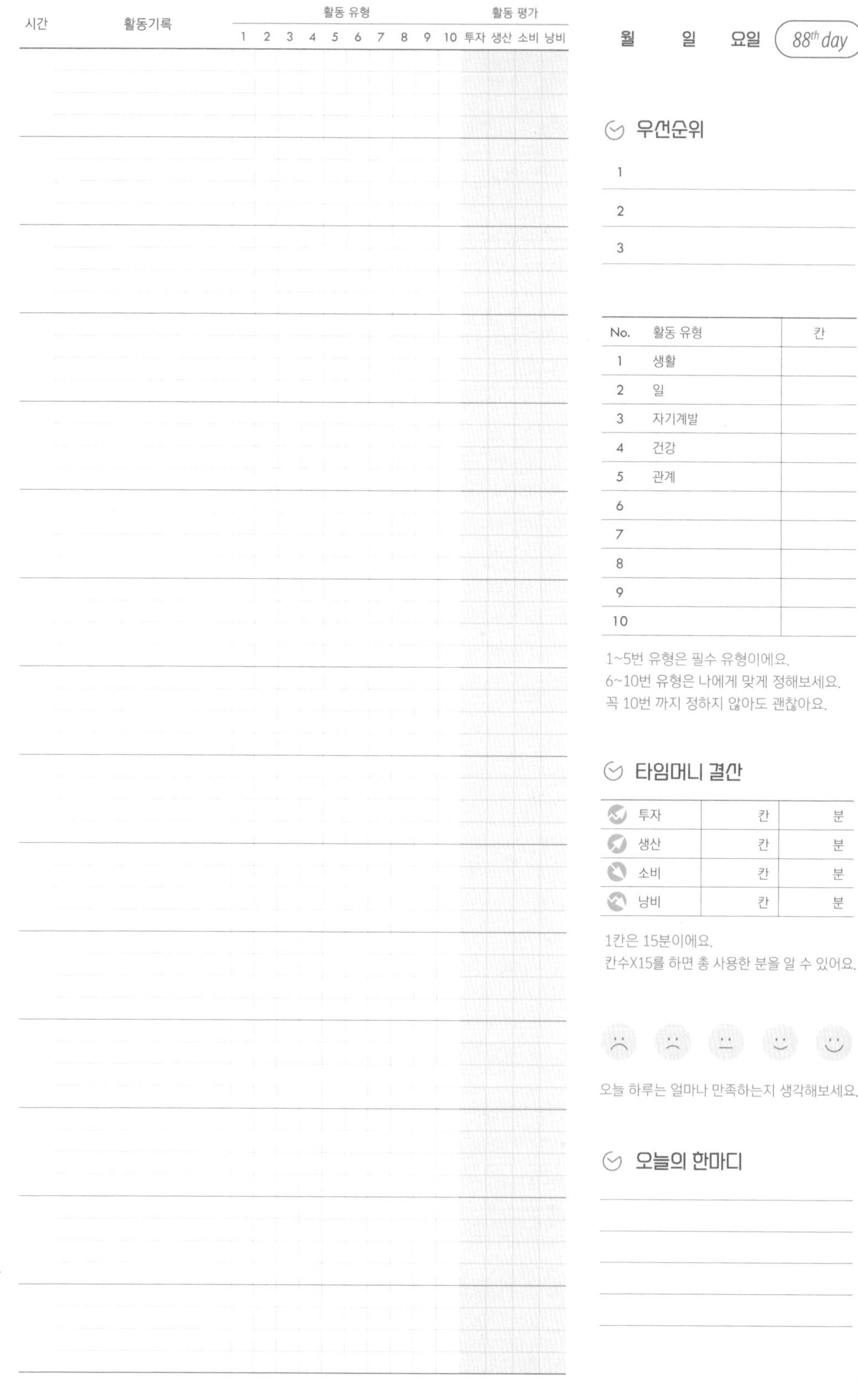

시간	활동기록	활동 유형										활동 평가			
		1	2	3	4	5	6	7	8	9	10	투자	생산	소비	낭비

월 일 요일 88th day

우선순위

1

2

3

No.	활동 유형	칸
1	생활	
2	일	
3	자기계발	
4	건강	
5	관계	
6		
7		
8		
9		
10		

1~5번 유형은 필수 유형이에요.
6~10번 유형은 나에게 맞게 정해보세요.
꼭 10번 까지 정하지 않아도 괜찮아요.

타임머니 결산

투자	칸	분
생산	칸	분
소비	칸	분
낭비	칸	분

1칸은 15분이에요.
칸수X15를 하면 총 사용한 분을 알 수 있어요.

오늘 하루는 얼마나 만족하는지 생각해보세요.

오늘의 한마디

시간	활동기록	활동 유형 1	2	3	4	5	6	7	8	9	10	활동 평가 투자	생산	소비	낭비

월 일 요일 89th day

우선순위

1
2
3

No.	활동 유형	칸
1	생활	
2	일	
3	자기계발	
4	건강	
5	관계	
6		
7		
8		
9		
10		

1~5번 유형은 필수 유형이에요.
6~10번 유형은 나에게 맞게 정해보세요.
꼭 10번 까지 정하지 않아도 괜찮아요.

타임머니 결산

투자	칸	분
생산	칸	분
소비	칸	분
낭비	칸	분

1칸은 15분이에요.
칸수X15를 하면 총 사용한 분을 알 수 있어요.

오늘 하루는 얼마나 만족하는지 생각해보세요.

오늘의 한마디

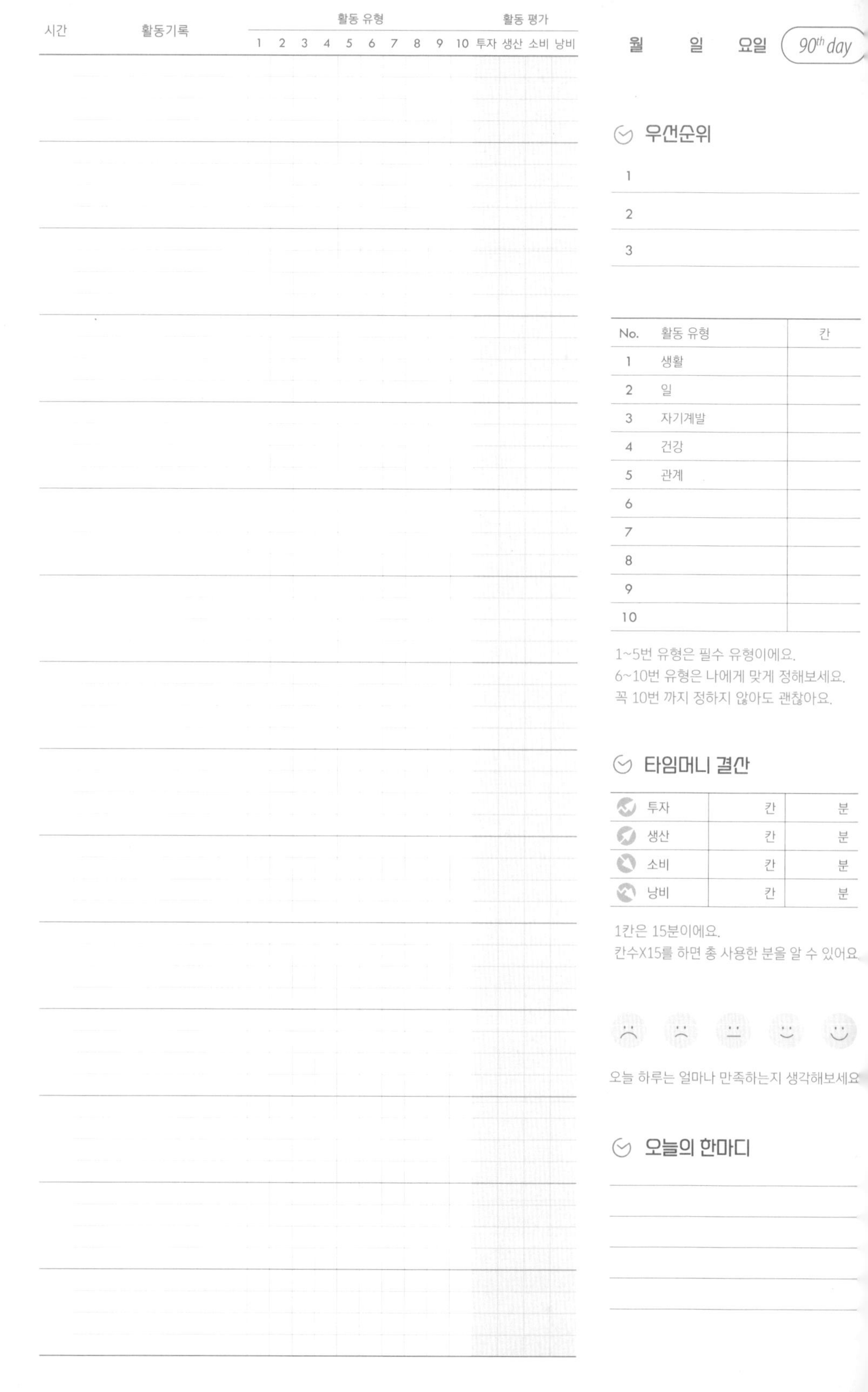

시간	활동기록	1	2	3	4	5	6	7	8	9	10	투자	생산	소비	낭비
		활동 유형										활동 평가			

월 일 요일 90th day

우선순위

1

2

3

No.	활동 유형	칸
1	생활	
2	일	
3	자기계발	
4	건강	
5	관계	
6		
7		
8		
9		
10		

1~5번 유형은 필수 유형이에요.
6~10번 유형은 나에게 맞게 정해보세요.
꼭 10번 까지 정하지 않아도 괜찮아요.

타임머니 결산

투자	칸	분
생산	칸	분
소비	칸	분
낭비	칸	분

1칸은 15분이에요.
칸수X15를 하면 총 사용한 분을 알 수 있어요.

오늘 하루는 얼마나 만족하는지 생각해보세요.

오늘의 한마디

시간	활동기록	활동 유형										활동 평가			
		1	2	3	4	5	6	7	8	9	10	투자	생산	소비	낭비

월 일 요일 *91st day*

우선순위

1

2

3

No.	활동 유형	칸
1	생활	
2	일	
3	자기계발	
4	건강	
5	관계	
6		
7		
8		
9		
10		

1~5번 유형은 필수 유형이에요.
6~10번 유형은 나에게 맞게 정해보세요.
꼭 10번 까지 정하지 않아도 괜찮아요.

타임머니 결산

투자	칸	분
생산	칸	분
소비	칸	분
낭비	칸	분

1칸은 15분이에요.
칸수X15를 하면 총 사용한 분을 알 수 있어요.

오늘 하루는 얼마나 만족하는지 생각해보세요.

오늘의 한마디

시간 사용 내역을 기록하고 시각화하면 더 효율적인 시간정리를 할 수 있습니다.

이번주 피드백

계획한 일을 우선순위대로 잘 실행했나요?

투자와 생산의 시간을 충분히 가졌나요?

낭비되는 시간을 줄이려고 노력했나요?

이번주 시간 통계

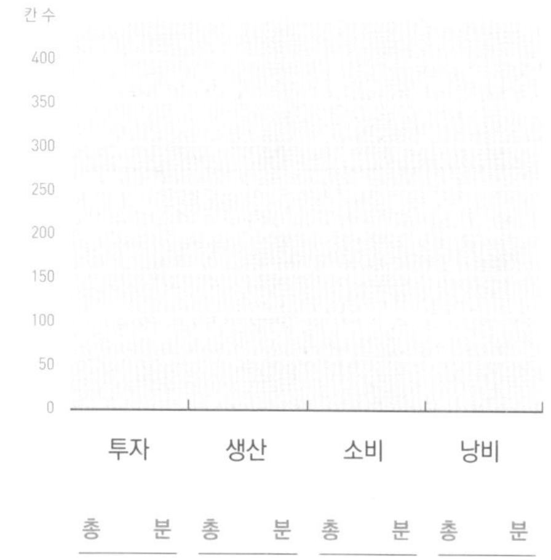

총 분 총 분 총 분 총 분

투자 시간

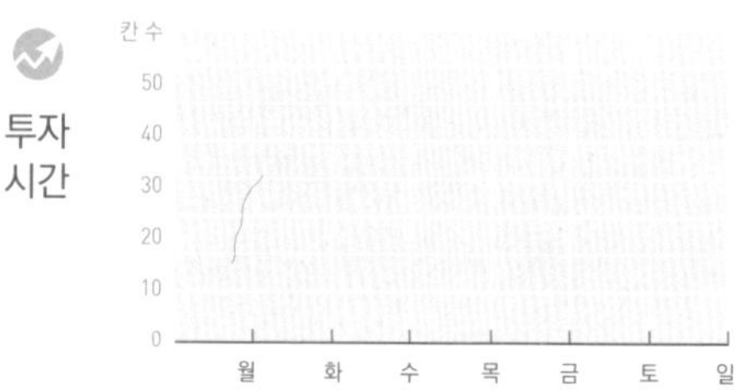

생산 시간

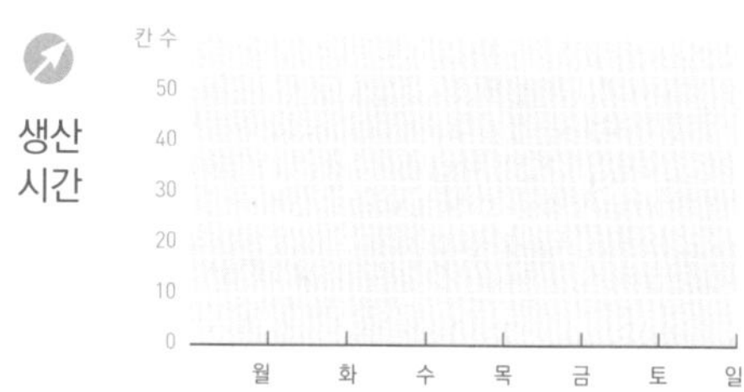

소비 시간

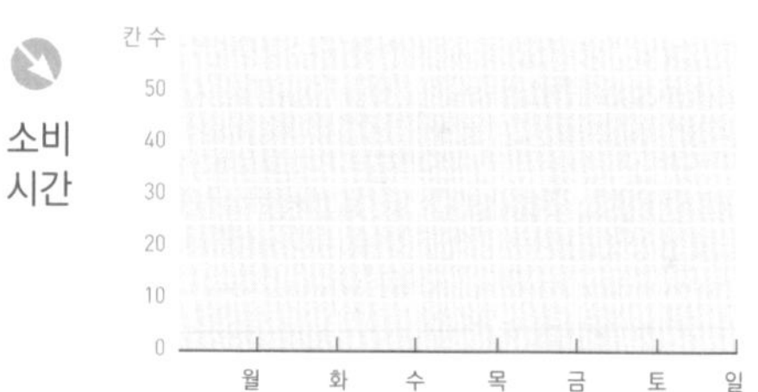

낭비 시간

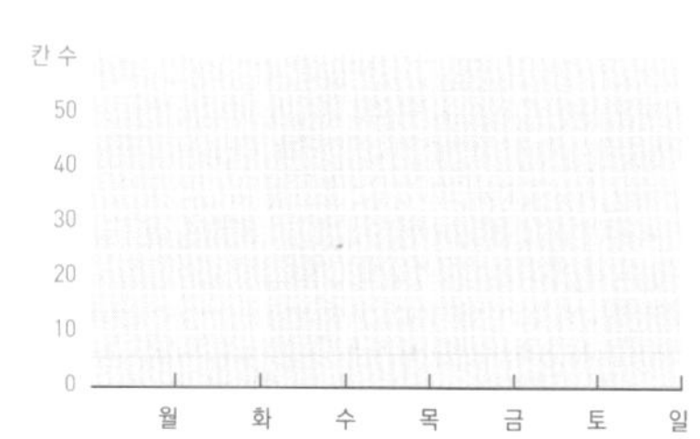

이번주 시간 사용 만족도

14 주차

시간가계부

일과 생활의 균형을 맞추는 것이 중요합니다.

일이 너무 많아 개인 생활이 희생되면

장기적으로 행복도와 만족도가 낮아질 수 있습니다.

주간 시간 계획

이번주 나의 목표

5가지 요소	역할	목표	루틴	가치	습관
나의 요소					
요소에 따른 목표					

이번주 이루고 싶은 일

시간	월	화	수	목	금	토	일

나의 주요 활동 시간을 시간 칸에 작성하고 15시간을 정리해서 일상의 생산성을 효과적으로 상승시키세요.

시간	활동기록	활동 유형 1	2	3	4	5	6	7	8	9	10	활동 평가 투자	생산	소비	낭비

월 일 요일 92nd day

우선순위

1

2

3

No.	활동 유형	칸
1	생활	
2	일	
3	자기계발	
4	건강	
5	관계	
6		
7		
8		
9		
10		

1~5번 유형은 필수 유형이에요.
6~10번 유형은 나에게 맞게 정해보세요.
꼭 10번 까지 정하지 않아도 괜찮아요.

타임머니 결산

투자	칸	분
생산	칸	분
소비	칸	분
낭비	칸	분

1칸은 15분이에요.
칸수X15를 하면 총 사용한 분을 알 수 있어요.

오늘 하루는 얼마나 만족하는지 생각해보세요.

오늘의 한마디

시간	활동기록	활동 유형										활동 평가			
		1	2	3	4	5	6	7	8	9	10	투자	생산	소비	낭비

월 일 요일 93rd day

우선순위

1

2

3

No.	활동 유형	칸
1	생활	
2	일	
3	자기계발	
4	건강	
5	관계	
6		
7		
8		
9		
10		

1~5번 유형은 필수 유형이에요.
6~10번 유형은 나에게 맞게 정해보세요.
꼭 10번 까지 정하지 않아도 괜찮아요.

타임머니 결산

투자	칸	분
생산	칸	분
소비	칸	분
낭비	칸	분

1칸은 15분이에요.
칸수X15를 하면 총 사용한 분을 알 수 있어요.

오늘 하루는 얼마나 만족하는지 생각해보세요.

오늘의 한마디

시간	활동기록	활동 유형 1	2	3	4	5	6	7	8	9	10	활동 평가 투자	생산	소비	낭비

월 일 요일 94th day

우선순위

1

2

3

No.	활동 유형	칸
1	생활	
2	일	
3	자기계발	
4	건강	
5	관계	
6		
7		
8		
9		
10		

1~5번 유형은 필수 유형이에요.
6~10번 유형은 나에게 맞게 정해보세요.
꼭 10번 까지 정하지 않아도 괜찮아요.

타임머니 결산

	칸	분
투자	칸	분
생산	칸	분
소비	칸	분
낭비	칸	분

1칸은 15분이에요.
칸수X15를 하면 총 사용한 분을 알 수 있어요.

오늘 하루는 얼마나 만족하는지 생각해보세요.

오늘의 한마디

시간	활동기록	활동 유형 1	2	3	4	5	6	7	8	9	10	활동 평가 투자	생산	소비	낭비

월 일 요일 95th day

우선순위

1

2

3

No.	활동 유형	칸
1	생활	
2	일	
3	자기계발	
4	건강	
5	관계	
6		
7		
8		
9		
10		

1~5번 유형은 필수 유형이에요.
6~10번 유형은 나에게 맞게 정해보세요.
꼭 10번 까지 정하지 않아도 괜찮아요.

타임머니 결산

투자	칸	분
생산	칸	분
소비	칸	분
낭비	칸	분

1칸은 15분이에요.
칸수X15를 하면 총 사용한 분을 알 수 있어요.

오늘 하루는 얼마나 만족하는지 생각해보세요.

오늘의 한마디

시간	활동기록	활동 유형										활동 평가			
		1	2	3	4	5	6	7	8	9	10	투자	생산	소비	낭비

월 일 요일 *96th day*

우선순위

1

2

3

No.	활동 유형	칸
1	생활	
2	일	
3	자기계발	
4	건강	
5	관계	
6		
7		
8		
9		
10		

1~5번 유형은 필수 유형이에요.
6~10번 유형은 나에게 맞게 정해보세요.
꼭 10번 까지 정하지 않아도 괜찮아요.

타임머니 결산

투자	칸	분
생산	칸	분
소비	칸	분
낭비	칸	분

1칸은 15분이에요.
칸수X15를 하면 총 사용한 분을 알 수 있어요.

오늘 하루는 얼마나 만족하는지 생각해보세요.

오늘의 한마디

시간	활동기록	활동 유형										활동 평가			
		1	2	3	4	5	6	7	8	9	10	투자	생산	소비	낭비

월 일 요일 *97th day*

우선순위

1

2

3

No.	활동 유형	칸
1	생활	
2	일	
3	자기계발	
4	건강	
5	관계	
6		
7		
8		
9		
10		

1~5번 유형은 필수 유형이에요.
6~10번 유형은 나에게 맞게 정해보세요.
꼭 10번 까지 정하지 않아도 괜찮아요.

타임머니 결산

투자	칸	분
생산	칸	분
소비	칸	분
낭비	칸	분

1칸은 15분이에요.
칸수X15를 하면 총 사용한 분을 알 수 있어요.

오늘 하루는 얼마나 만족하는지 생각해보세요.

오늘의 한마디

시간	활동기록	활동 유형										활동 평가			
		1	2	3	4	5	6	7	8	9	10	투자	생산	소비	낭비

월 일 요일 *98th day*

우선순위

1

2

3

No.	활동 유형	칸
1	생활	
2	일	
3	자기계발	
4	건강	
5	관계	
6		
7		
8		
9		
10		

1~5번 유형은 필수 유형이에요.
6~10번 유형은 나에게 맞게 정해보세요.
꼭 10번 까지 정하지 않아도 괜찮아요.

타임머니 결산

투자	칸	분
생산	칸	분
소비	칸	분
낭비	칸	분

1칸은 15분이에요.
칸수X15를 하면 총 사용한 분을 알 수 있어요.

오늘 하루는 얼마나 만족하는지 생각해보세요.

오늘의 한마디

이번주 피드백

계획한 일을 우선순위대로 잘 실행했나요?

투자와 생산의 시간을 충분히 가졌나요?

낭비되는 시간을 줄이려고 노력했나요?

이번주 시간 통계

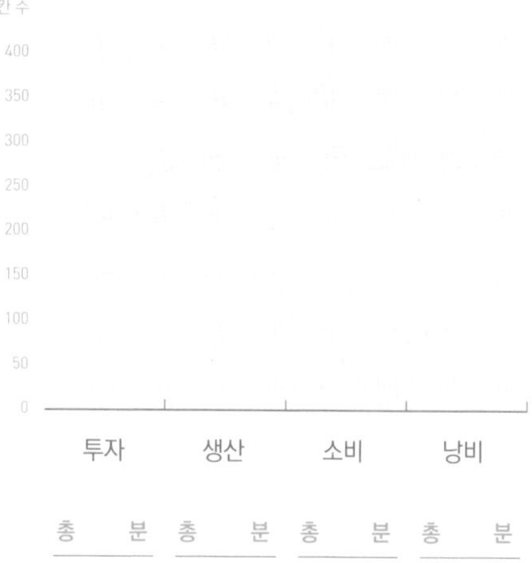

총 분 총 분 총 분 총 분

투자 시간

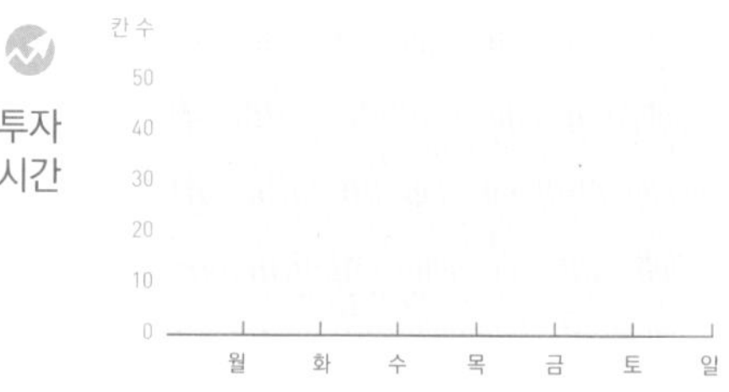

생산 시간

칸 수 50 40 30 20 10 0

월 화 수 목 금 토 일

소비 시간

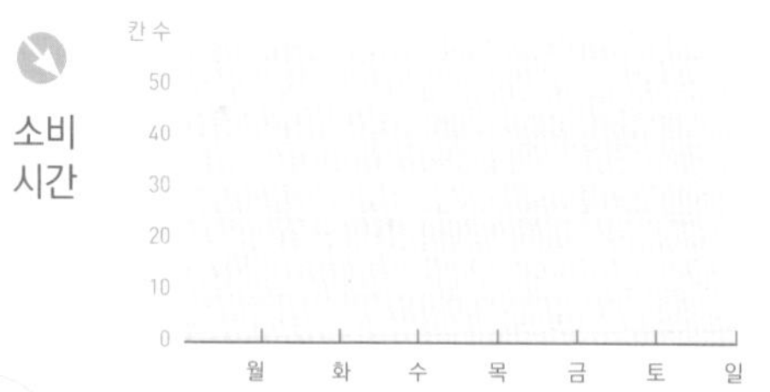

낭비 시간

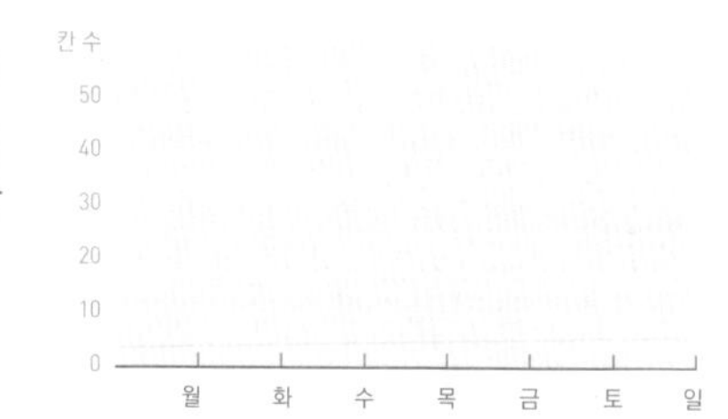

이번주 시간 사용 만족도

15 주차

시간가계부

기록하는 습관이 시간이 지날수록 가치 있는 자산이 됩니다.

시간가계부는 단순한 기록을 넘어,

스스로의 성장과 변화 과정을 확인할 수 있는 도구가 됩니다.

주간 시간 계획

이번주 나의 목표

5가지 요소	역할	목표	루틴	가치	습관
나의 요소					

요소에 따른 목표

이번주 이루고 싶은 일

시간	월	화	수	목	금	토	일

나의 주요 활동 시간을 시간 칸에 작성하고 15시간을 정리해서 일상의 생산성을 효과적으로 상승시키세요.

시간	활동기록	활동 유형 1	2	3	4	5	6	7	8	9	10	활동 평가 투자	생산	소비	낭비

월 일 요일 99th day

우선순위

1

2

3

No.	활동 유형	긴
1	생활	
2	일	
3	자기계발	
4	건강	
5	관계	
6		
7		
8		
9		
10		

1~5번 유형은 필수 유형이에요.
6~10번 유형은 나에게 맞게 정해보세요.
꼭 10번 까지 정하지 않아도 괜찮아요.

타임머니 결산

투자	칸	분
생산	칸	분
소비	칸	분
낭비	칸	분

1칸은 15분이에요.
칸수X15를 하면 총 사용한 분을 알 수 있어요.

오늘 하루는 얼마나 만족하는지 생각해보세요.

오늘의 한마디

시간	활동기록	활동 유형 1	2	3	4	5	6	7	8	9	10	활동 평가 투자	생산	소비	낭비

월 일 요일 100th day

우선순위

1

2

3

No.	활동 유형	칸
1	생활	
2	일	
3	자기계발	
4	건강	
5	관계	
6		
7		
8		
9		
10		

1~5번 유형은 필수 유형이에요.
6~10번 유형은 나에게 맞게 정해보세요.
꼭 10번 까지 정하지 않아도 괜찮아요.

타임머니 결산

투자	칸	분
생산	칸	분
소비	칸	분
낭비	칸	분

1칸은 15분이에요.
칸수X15를 하면 총 사용한 분을 알 수 있어요.

오늘 하루는 얼마나 만족하는지 생각해보세요.

오늘의 한마디

시간	활동기록	1	2	3	4	5	6	7	8	9	10	투자	생산	소비	낭비

(활동 유형: 1–10 / 활동 평가: 투자, 생산, 소비, 낭비)

월 일 요일 *101st day*

우선순위

1

2

3

No.	활동 유형	칸
1	생활	
2	일	
3	자기계발	
4	건강	
5	관계	
6		
7		
8		
9		
10		

1~5번 유형은 필수 유형이에요.
6~10번 유형은 나에게 맞게 정해보세요.
꼭 10번 까지 정하지 않아도 괜찮아요.

타임머니 결산

투자	칸	분
생산	칸	분
소비	칸	분
낭비	칸	분

1칸은 15분이에요.
칸수X15를 하면 총 사용한 분을 알 수 있어요.

오늘 하루는 얼마나 만족하는지 생각해보세요.

오늘의 한마디

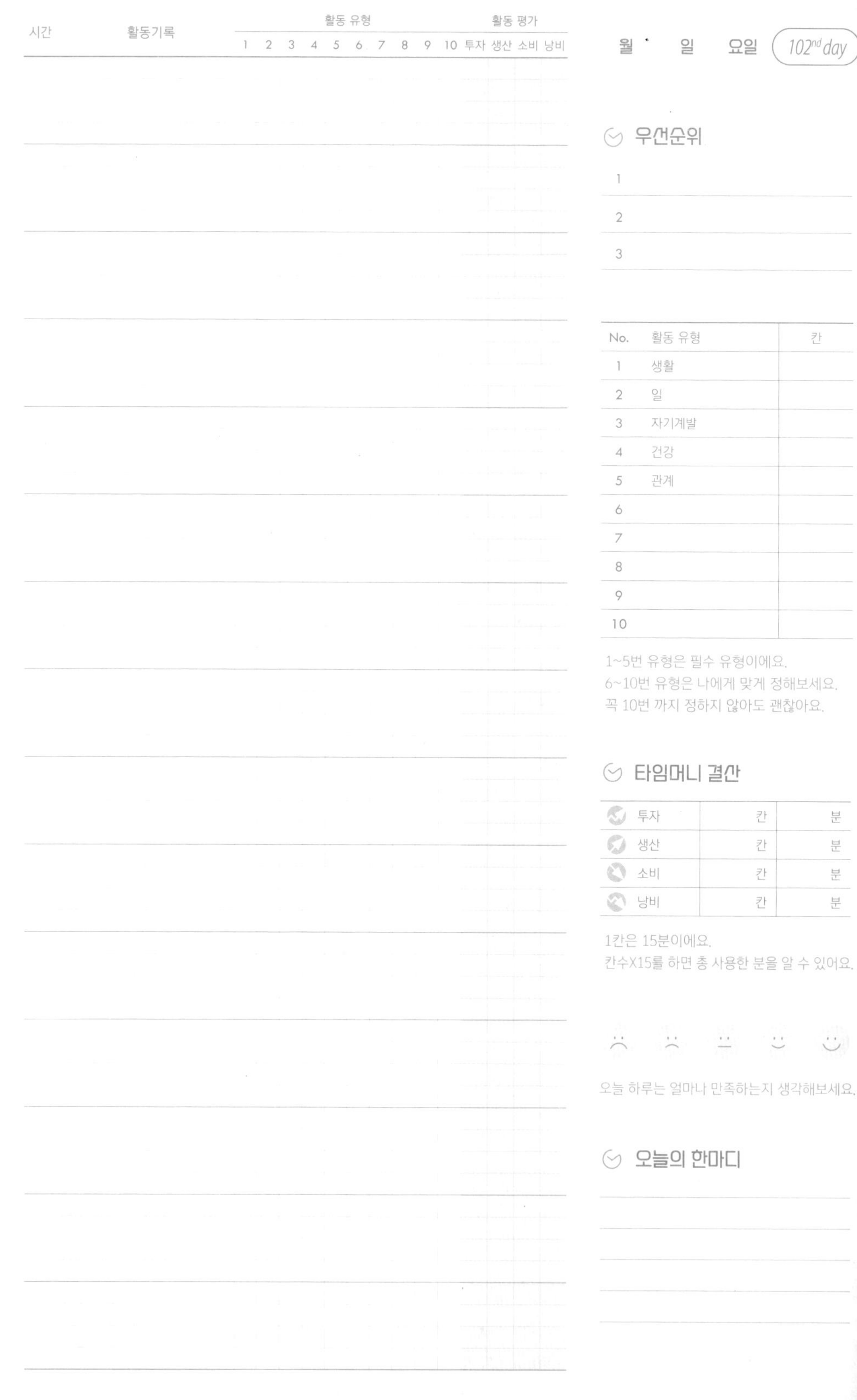

시간	활동기록	활동 유형 1	2	3	4	5	6	7	8	9	10	활동 평가 투자	생산	소비	낭비

월 일 요일 102nd day

우선순위

1

2

3

No.	활동 유형	칸
1	생활	
2	일	
3	자기계발	
4	건강	
5	관계	
6		
7		
8		
9		
10		

1~5번 유형은 필수 유형이에요.
6~10번 유형은 나에게 맞게 정해보세요.
꼭 10번 까지 정하지 않아도 괜찮아요.

타임머니 결산

투자	칸	분
생산	칸	분
소비	칸	분
낭비	칸	분

1칸은 15분이에요.
칸수X15를 하면 총 사용한 분을 알 수 있어요.

오늘 하루는 얼마나 만족하는지 생각해보세요.

오늘의 한마디

시간	활동기록	활동 유형 1	2	3	4	5	6	7	8	9	10	활동 평가 투자	생산	소비	낭비

월 일 요일 103rd day

우선순위

1

2

3

No.	활동 유형	칸
1	생활	
2	일	
3	자기계발	
4	건강	
5	관계	
6		
7		
8		
9		
10		

1~5번 유형은 필수 유형이에요.
6~10번 유형은 나에게 맞게 정해보세요.
꼭 10번 까지 정하지 않아도 괜찮아요.

타임머니 결산

투자	칸	분
생산	칸	분
소비	칸	분
낭비	칸	분

1칸은 15분이에요.
칸수X15를 하면 총 사용한 분을 알 수 있어요.

오늘 하루는 얼마나 만족하는지 생각해보세요.

오늘의 한마디

시간	활동기록	1	2	3	4	5	6	7	8	9	10	투자	생산	소비	낭비

(활동 유형: 1–10 / 활동 평가: 투자, 생산, 소비, 낭비)

월 일 요일 *104th day*

우선순위

1

2

3

No.	활동 유형	칸
1	생활	
2	일	
3	자기계발	
4	건강	
5	관계	
6		
7		
8		
9		
10		

1~5번 유형은 필수 유형이에요.
6~10번 유형은 나에게 맞게 정해보세요.
꼭 10번 까지 정하지 않아도 괜찮아요.

타임머니 결산

투자	칸	분
생산	칸	분
소비	칸	분
낭비	칸	분

1칸은 15분이에요.
칸수X15를 하면 총 사용한 분을 알 수 있어요.

오늘 하루는 얼마나 만족하는지 생각해보세요.

오늘의 한마디

시간	활동기록	활동 유형 1	2	3	4	5	6	7	8	9	10	활동 평가 투자	생산	소비	낭비

월 일 요일 105th day

우선순위

1

2

3

No.	활동 유형	칸
1	생활	
2	일	
3	자기계발	
4	건강	
5	관계	
6		
7		
8		
9		
10		

1~5번 유형은 필수 유형이에요.
6~10번 유형은 나에게 맞게 정해보세요.
꼭 10번 까지 정하지 않아도 괜찮아요.

타임머니 결산

투자	칸	분
생산	칸	분
소비	칸	분
낭비	칸	분

1칸은 15분이에요.
칸수X15를 하면 총 사용한 분을 알 수 있어요.

오늘 하루는 얼마나 만족하는지 생각해보세요.

오늘의 한마디

이번주 피드백

계획한 일을 우선순위대로 잘 실행했나요?

투자와 생산의 시간을 충분히 가졌나요?

낭비되는 시간을 줄이려고 노력했나요?

이번주 시간 통계

투자 시간

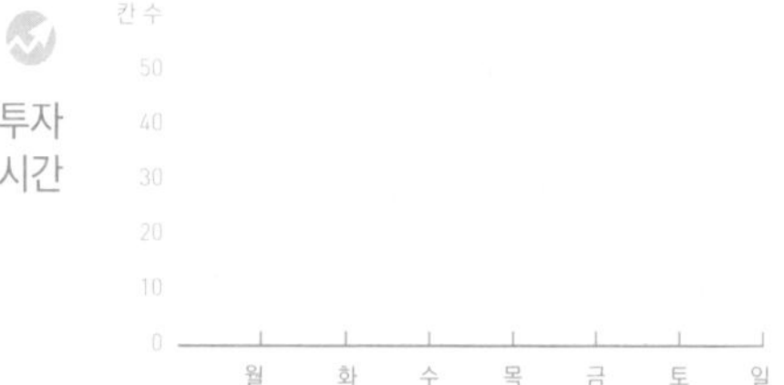

생산 시간

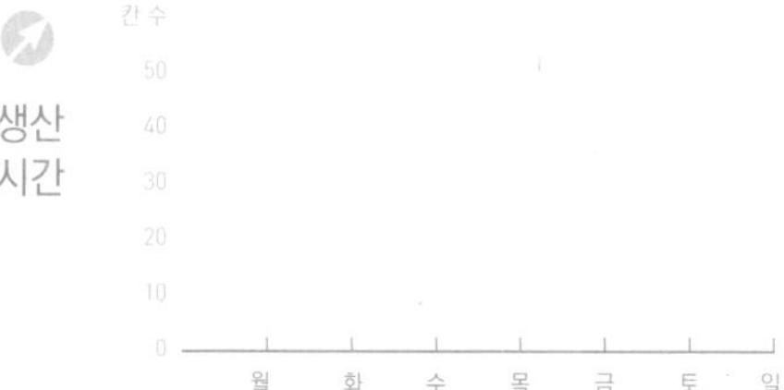

소비 시간

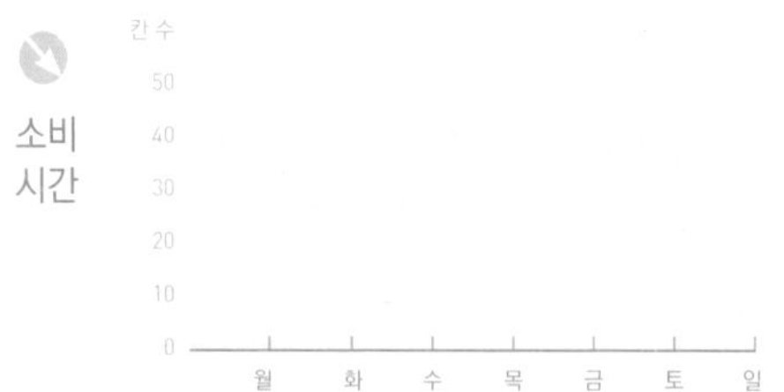

낭비 시간

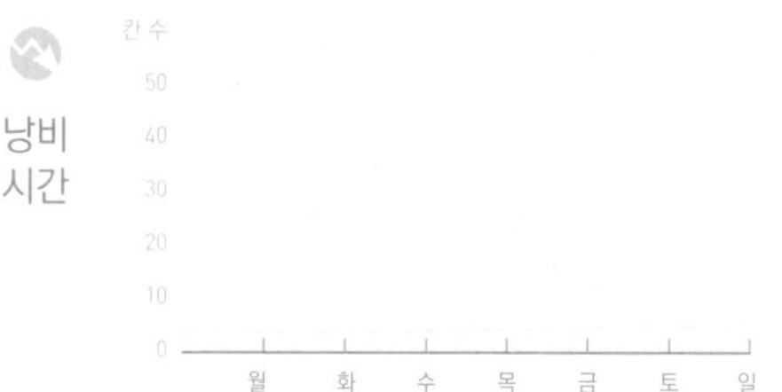

이번주 시간 사용 만족도

15주 돌아보기

지난 15주, 105일 동안 시간가계부를 매일 꾸준히 작성하며
경험한 변화와 배운 점을 되돌아봅니다.
시간가계부를 통해 깨달은 점과 아쉬웠던 부분을 정리하고,
앞으로 더 나아질 수 있는 계획을 점검해보세요.
이 과정은 시간을 더 가치 있게 사용하는
삶을 위한 중요한 디딤돌이 될 것입니다.

지난 15주 동안 시간가계부를 작성하며 나의 시간 성과는 어떻게 변화했나요?

시간 성과 변화

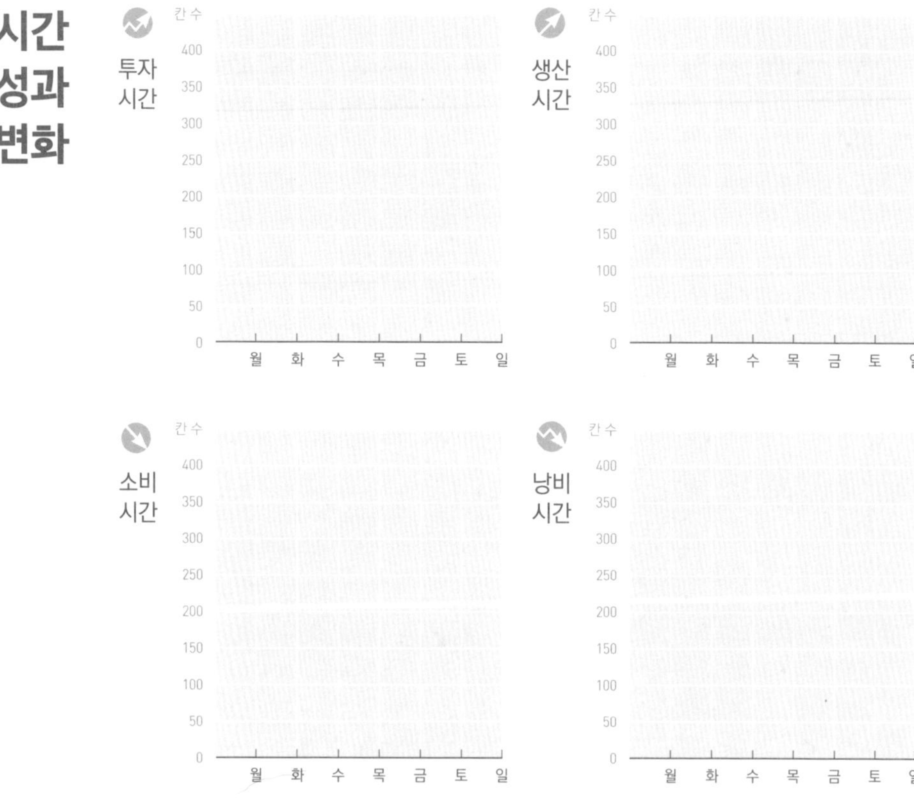

15주 105일동안

시간가계부를 작성한 나에게
칭찬을 해주세요.

지난 15주 동안 시간가계부를 작성하며 나의 시간 사용 만족도는 어땠는지 살펴봅시다.

시간 사용 만족도 변화

1주

2주

3주

4주

5주

6주

7주

8주

9주

10주

11주

12주

13주

14주

15주

시간가계부를 작성하면서 무엇을 배우셨나요?

시간가계부를 작성하면서 아쉬웠던 부분은 무엇인가요?

앞으로는 어떻게 시간을 사용하실 계획인가요?

15주

시간부자 여정을 마치신 것을 축하합니다.

시간가계부 작성 전보다
시간부자에 한걸음 더 가까워진 자신을 발견하실 수 있을 겁니다.

이제, 스스로에게 질문해보세요.

지금의 나는, 시간부자일까?

Yes / No

아직 시간부자가 되기에는 아쉬운 부분이 있으시다면?
시간가계부 매일 15분, 15주 작성을 한번 더 도전해보세요!
당신의 시간부자로의 여정을 진심으로 응원합니다.

Note

Note

Note

Note

Note

Note

Note

Note

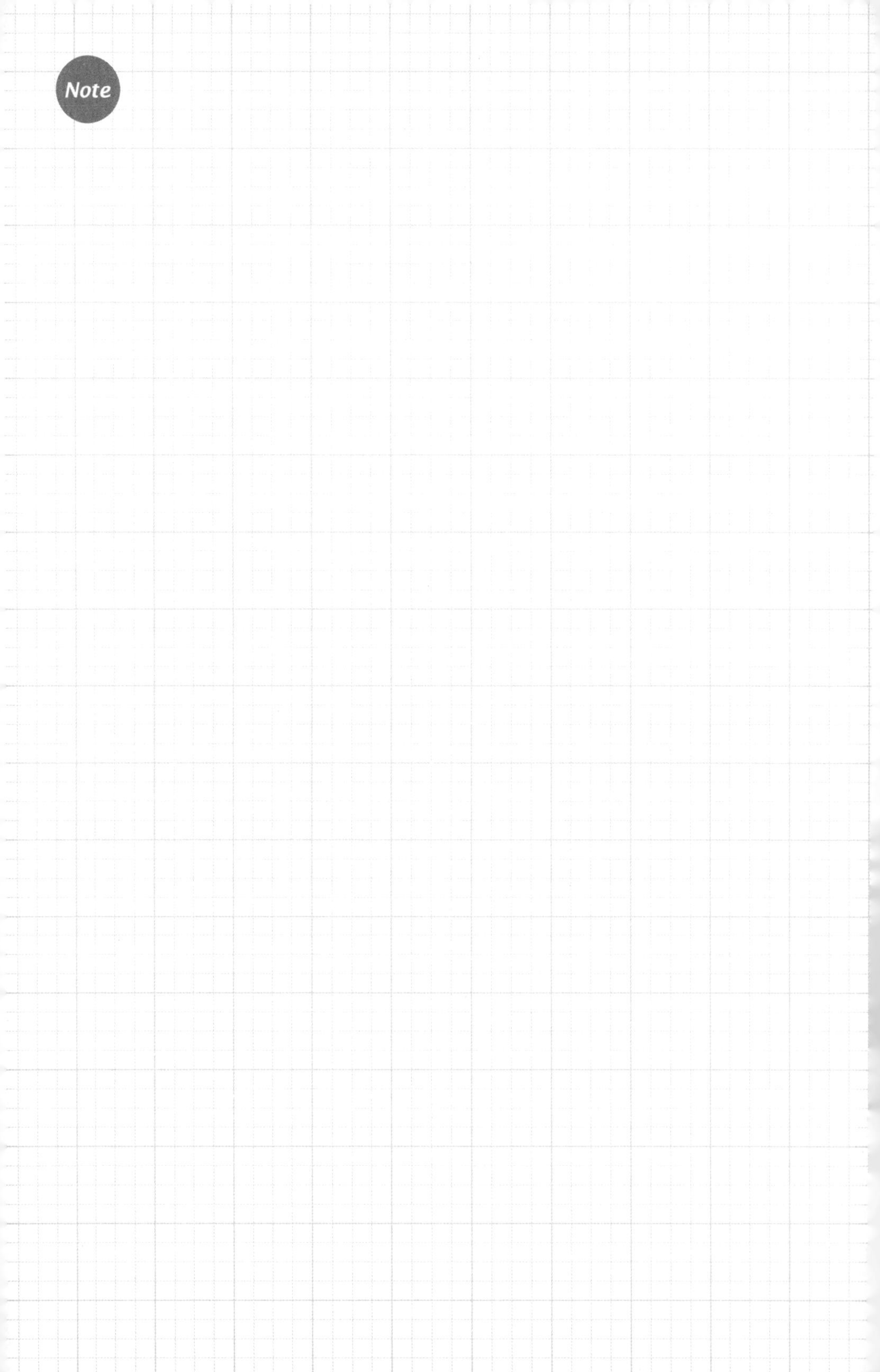
Note

Note

Note

Note

Note

Note

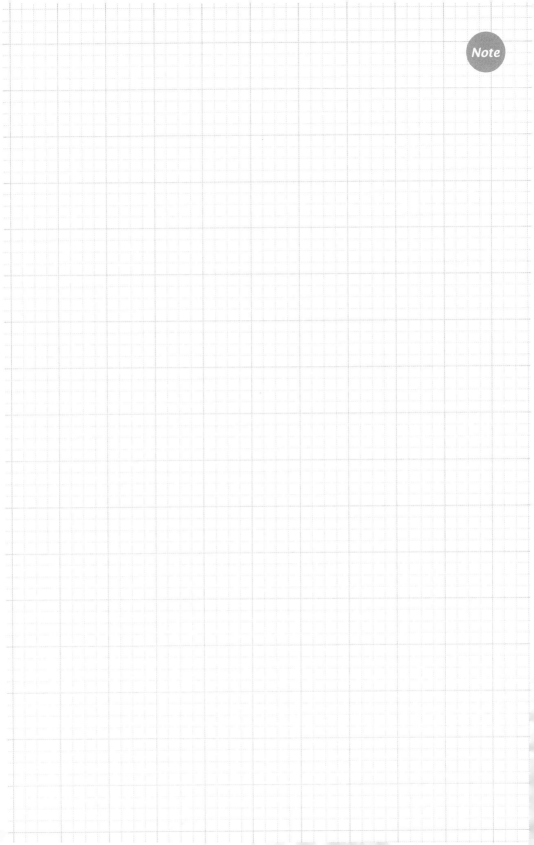

Note

저자소개

윤선현 | 정리컨설턴트, 정리력 교육 전문가

2010년부터 '정리력 철학'을 기반으로 생산성과 마음의 평화를 위한 정리 컨설팅과 강의를 이어온 전문가. 프랭클린플래너의 시간 관리 철학을 바탕으로 한 '시간가계부'를 개발해 현대인들의 시간 빈곤 문제를 해결하는 데 앞장서고 있습니다.

심은경 | HRD전문가, 시간부자 트레이너

HRD 분야에서 19년간의 깊이 있는 경력을 쌓아온 전문가. 기업 교육, 강사 발굴, 교육 기획 등 다양한 영역에서 활동하며 최고의 강사들과 협업해 왔습니다. 교육 콘텐츠 개발과 강연자 에이전트 업무를 수행하고 있으며, 현재는 '시간' 콘텐츠에 집중하여 개인의 성장과 성공을 돕는 시간비즈니스로 활동 영역을 확장하고 있습니다.

최유정 | 라이프스타일전문가, 시간부자 트레이너

대기업에서 컨텐츠 기획자로 일한 경험을 바탕으로, 지금은 누구나 쉽게 따라 할 수 있는 라이프스타일 솔루션을 제공하고 있습니다. 2권을 책을 출간한 작가이자, 홈스타일리스트로서 현장 업무, 공간전문강사까지 많은 역할을 모두 충실하게 수행하기 위해 시간 정리에 대해 연구하였고 이를 통해 시간부자 트레이너가 되어 시간가계부를 기획하였습니다.

시간부자

제1판 1쇄 발행 2024년 12월 24일

지은이 윤선현 심은경 최유정
발행처 주식회사 엠에스제이엔
발행인 김민선
등록 2022년 12월 7일 제2022-000164호
주소 서울특별시 종로구 대학로3길 10, 고운빌딩 지하1층
홈페이지 http://msjn.kr
이메일 thekeen0812@naver.com
기획편집 윤선현의정리학교
디자인 김은혜
ISBN 979-11-984041-5-2 13320